本书系 2021 年度江苏高校哲学社会科学研究专题项目思政······社会实践与专业融合的机制研究"（编号：2021SJB1251）研究成······

# 应用型本科高校实践育人模式探索

何　玉　著

九 州 出 版 社
JIUZHOUPRESS

图书在版编目（CIP）数据

应用型本科高校实践育人模式探索 / 何玉著 . -- 北
京：九州出版社，2023.12
ISBN 978-7-5225-2552-5

Ⅰ．①应… Ⅱ．①何… Ⅲ．①高等学校－思想政治教
育－教学模式－研究－中国 Ⅳ．① G641

中国国家版本馆 CIP 数据核字（2024）第 033191 号

**应用型本科高校实践育人模式探索**

| | | |
|---|---|---|
| 作　　者 | 何玉　著 | |
| 责任编辑 | 安　安 | |
| 出版发行 | 九州出版社 | |
| 地　　址 | 北京市西城区阜外大街甲 35 号（100037） | |
| 发行电话 | （010）68992190/3/5/6 | |
| 网　　址 | www.jiuzhoupress.com | |
| 印　　刷 | 北京佳益兴彩印有限公司 | |
| 开　　本 | 787 毫米 ×1092 毫米　16 开 | |
| 印　　张 | 13.75 | |
| 字　　数 | 229 千字 | |
| 版　　次 | 2023 年 12 月第 1 版 | |
| 印　　次 | 2023 年 12 月第 1 次印刷 | |
| 书　　号 | ISBN 978-7-5225-2552-5 | |
| 定　　价 | 58.00 元 | |

# 前　言

随着时代的发展和社会的进步，高校育人模式也需要与时俱进。应用型本科高校作为培养应用型人才的重要阵地，实践育人模式的探索显得尤为重要。实践育人是指在教育教学过程中，注重培养学生的实践能力、创新能力和综合素质，使其具备丰富的实践经验和实际操作能力，能够适应社会发展的需要。在新的时代发展背景下，应用型本科高校实践育人模式的探索是一个系统工程，需要高校、企业和社会各方共同参与和努力。只有通过全方位、多层次的实践教育，才能培养出适应社会需求的优秀人才。基于此，本书就应用型本科高校实践育人模式展开深入探讨。

本书共分为十章展开论述，主要内容如下：

第一章为应用型本科高校的发展历程，在介绍应用型本科高校的起源和发展的基础上，分析了应用型本科高校的重要意义。

第二章为实践育人工作的重要性，包括实践育人在人才培养中的地位和作用，以及实践育人对学生综合素质的提升的影响。

第三章为实践育人的着力点，包括实践育人的目标和原则，以及实践育人的重点领域和内容。

第四章为社会实践育人范畴探索，对大学生社会实践发展过程、社会实践育人的四大典型模式进行了详细分析，然后介绍了关于社会服务与大学生专业融合、社会调研对于学生综合素质的提升作用，探讨了大学生创新创业实践对其职业生涯的影响以及大学生实践实习对其职业生涯的影响。

第五章为国外高校对于学生实践能力培养的经验，介绍了国外高校实践教育的发展现状和特点，以及国外高校在学生实践能力培养方面的成功经验。

第六章为思想政治教育学相关实践理论，包括思想政治教育实践理论的历史演进和主要代表人物，马克思主义哲学实践观及其对大学生社会实践的指导，杜威实用主义教育哲学观及其对大学生社会实践的启发，以及国内外思想政治教育实践理论的比较与分析。

第七章为社会心理学教育相关实践理论，包括社会心理学视角下高校大学生社会实践分析与研究，社会心理学教育理论在大学生社会实践中的应用，以及社会心理学教育理论对大学生社会实践的助推作用。

第八章为以实用主义教育哲学观点阐述"德育""智育"的社会实践运行机制，探讨了德育的实践路径，以及实践活动对智育培养的分类和分阶段实施策略。

第九章为大学生社会实践与专业融合的实践创新模式，包括专业教育与实践教育的关系和融合方式，实践活动对专业知识与技能的支持和拓展，以及大学生分级社会实践与专业融合的创新模式。

第十章为高校大学生全方位大实践育人体系的构建与影响，包括大学生社会实践与其他教育环节的有机衔接，构建全方位育人体系的实施效果追踪与有效评价体系，大实践育人体系对大学生职业与价值观方面的积极影响，以及大实践育人体系未来的发展趋势与持续创新路径展望。

本书旨在探讨应用型本科高校实践育人模式，涵盖了实践育人的理论、实践经验和国内外案例分析。通过阅读本书，可以深入了解应用型本科高校实践育人工作的重要性和影响，为实践育人工作提供借鉴和启示，促进应用型本科高校实践育人工作的不断发展和创新。

本书由何玉执笔撰写，由于时间仓促，加之水平有限，难免存在纰漏之处，恳请读者提出宝贵意见。

# 目　录

# 第一章　应用型本科高校的发展历程

## 第一节　应用型本科高校的起源和发展

### 一、应用型本科高校的起源

（一）应用型本科高校的概念和定义

应用型本科高校是指以培养应用型本科人才为主要任务的高等教育机构。它注重培养学生的实际应用能力，将理论与实践相结合，致力于满足社会对各个领域应用型专业人才的需求。与传统学术型本科高校不同，应用型本科高校更加侧重于培养学生的职业素质和实践能力，强调培养学生的就业能力和创新创业能力。

应用型本科高校的教学目标是培养具有扎实的专业知识和技能、适应社会发展需要的应用型人才。其课程设置和教学方法更加注重实践操作、案例分析和实际问题解决能力的培养。同时，应用型本科高校也注重学生的综合素质和创新能力的培养，在专业技能培养的同时，注重学生的人文素养、沟通能力、团队合作能力等方面的培养。

（二）应用型本科高校的起源背景

1.社会经济发展需求

随着社会经济的快速发展，对高素质、专业化的应用型人才的需求日益增长。传统学术型本科教育难以满足社会对各个行业应用型专业人才的需求，因此应用型本科高校应运而生。

2.职业教育改革推动

职业教育改革旨在提高职业教育的质量和水平，将其纳入国家教育体系的重要组成部分。推动职业教育与高等教育接轨，为应用型本科高校的兴起创造了良好的环境和机遇。

3.对大学生就业压力的关注

社会对大学生就业问题的高度关注也催生了应用型本科高校的发展。应用型本科高校以其注重实践能力培养和强调专业实用性的特点，受到了许多学生和家长的青睐。

（三）应用型本科高校的起源过程

1.职业学院向应用型本科高校转型

在职业教育改革的背景下，一些职业学院逐渐转型升格为应用型本科高校，以满足社会对高层次、应用型人才的需求。这些职业学院在改革过程中加强了对实践教学和产学研结合的重视，提升了办学水平。

2.新兴专业设置与发展

应用型本科高校在专业设置上注重与市场需求紧密结合，开设了一系列新兴专业，推动了相关行业的发展。这些新兴专业往往是应对社会发展对人才需求的迅速变化而设立的，例如大数据分析、人工智能、互联网金融等专业。

3.教学模式创新

应用型本科高校注重教学模式的创新，引入了更多的实践教学和项目实训环节。通过与企业合作、开展产学研结合的实践课程，学生可以更好地掌握实际操作技能和解决问题的能力，提高就业竞争力。

**二、应用型本科高校的发展阶段**

（一）建设起步阶段

建设起步阶段是应用型本科高校发展的起点。在这一阶段，高校着眼于实践能力培养，探索适合自身发展的办学模式，并逐渐建立了基础设施和教学团队。

在建设起步阶段，应用型本科高校注重培养学生的实践能力。高校开设了一系列与实际应用相关的课程，如实验课、实习课等，帮助学生理论联系实际，提升他们的实践技能。高校还积极与企业合作，为学生提供实践机会，让他们在真实的工作环境中学习和实践。

在建设起步阶段，应用型本科高校努力探索适合自身发展的办学模式。高校关注市场需求，设立与社会经济发展紧密相关的专业，培养符合行业需求的应用型人才。高校还加强对专业建设的规划和管理，注重课程设置和教学质量的提升，确保毕业生具备实践能力和职业素养。

在建设起步阶段，应用型本科高校努力建立基础设施和教学团队。高校注重师资队伍建设，引进具有实践经验和专业知识的教师，并组织教师参加培训和学术交流活动，不断提升他们的教学水平。高校还加大对实验室、实训中心等基础设施建设的投入，提供优质的实践环境和设备，支持学生的实践学习和科研活动。

（二）规模扩张阶段

规模扩张阶段是应用型本科高校发展的重要阶段。在这一阶段，应用型本科高校逐渐扩大办学规模，增设新专业并吸引更多的学生。教学质量和办学水平得到提升，并开始与企业合作开展实践教学。

在规模扩张阶段，应用型本科高校积极开展招生工作，扩大办学规模，增设新专业以满足社会需求。高校通过市场调研和行业需求分析，确定新的专业方向，并适时调整和完善现有专业设置。通过丰富专业选择，吸引更多的学生报考应用型本科高校，为他们提供优质的教学资源和实践机会。

在规模扩张阶段，应用型本科高校注重提升教学质量和办学水平。高校加强教师队伍建设，引进更多具有实践经验和学术造诣的教师，提高教师的教学能力和科研水平。高校还加大对教学设施和实践基地的投入，提供更好的学习和实践环境，提高学生的综合素质和实践能力。

在规模扩张阶段，应用型本科高校开始与企业合作开展实践教学。高校与相关行业的企事业单位建立稳定的合作关系，通过联合实验室、实训基地等方式，为学生提供更多的实践机会和实际项目参与机会。通过与企业的深入合作，高校可以更好地了解行业需求，培养与市场接轨的应用型人才。

（三）特色发展阶段

特色发展阶段是应用型本科高校发展的关键阶段。在这一阶段，应用型本科高校开始形成自身的办学特色和优势，注重培养具备特定领域实践能力的应用型人才。与企业的合作更加紧密，实践教学更加深入。

在特色发展阶段，应用型本科高校注重培养具备特定领域实践能力的应用型人才。高校通过优化课程设置、增设专业方向等方式，突出特定领域的教学和实践环节，培养学生在该领域的专业素养和实践能力。同时，高校还注重学生创新创业能力的培养，鼓励学生参与科研和实践项目，提升他们的实际应用能力。

在特色发展阶段，应用型本科高校加强与企业的合作。高校与相关领域的企事业单位建立长期合作关系，共同开展科研项目、实践教学和人才培养等活动。通过与企业的深度合作，高校可以更好地了解市场需求，调整和完善专业设置，培养符合行业要求的应用型人才。

在特色发展阶段，应用型本科高校进一步加强实践教学工作。高校通过建立更多的实训基地、实验室和创新实践中心等实践平台，为学生提供更多的实践机会和真实场景的学习环境。高校还鼓励学生参与实际项目和社会实践活动，培养他们解决实际问题和适应复杂环境的能力。

（四）提升国际影响力阶段

提升国际影响力阶段是应用型本科高校发展的最终目标。在这一阶段，应用型本科高校开始与国外高校开展合作交流，提升自身的国际影响力。在教学、科研和人才培养方面取得了一定的成就。

在提升国际影响力阶段，应用型本科高校积极开展国际合作与交流。高校与国外高校签署合作协议，开展师生互访、学术交流和联合科研项目等合作活动。通过与国外高校的合作，高校可以吸引更多的优秀师生来校交流学习，增加国际化的教学资源和学术影响力。

在提升国际影响力阶段，应用型本科高校注重国际化人才培养。高校开设国际化课程，提供多语种教学环境，鼓励学生参与国际交流项目和实践活动。高校还积极推动学生赴国外高校交流学习或参与实习，培养具有国际视野和跨文化沟通能力的应用型人才。

在提升国际影响力阶段，应用型本科高校加强科研合作与创新。高校与国外高校共同申请科研项目，开展联合研究，推动技术创新和学术进步。高校还积极组织国际学术会议和讲座，邀请国际知名学者来校进行学术交流，提高高校在国际学术界的声誉和影响力。

总之，应用型本科高校的发展经历了建设起步阶段、规模扩张阶段、特色发展阶段和提升国际影响力阶段。在这个过程中，高校注重实践能力培养，探索适合自身发展的办学模式，并建立了基础设施和优秀的教学团队。高校逐渐扩大办学规模，增设新专业并吸引更多学生。同时，高校形成了自身的办学特色和优势，注重培养具备特定领域实践能力的应用型人才，加强与企业的合作，并深化实践教学。最终，高校通过国际合作与交流，提升自身的国际影响力，在教学、科研和人才培养方面取得了一定的成就。

### 三、应用型本科高校的办学特点

#### （一）实践导向

应用型本科高校注重培养学生的实际应用能力，强调学以致用，将理论知识与实践操作相结合。实践导向是应用型本科教育的一个核心理念，旨在使学生具备解决实际问题的能力和技能。

应用型本科高校通过丰富的实践教学环节，如实验课程、实训项目、实地考察等，让学生亲身参与实际操作，掌握专业知识的应用方法和技巧。在实践过程中，学生不仅可以加深对理论知识的理解和记忆，还可以锻炼分析与解决问题的能力，培养适应工作环境的能力和团队合作意识。

为了提高实践导向教育效果，应用型本科高校积极开展与企业合作的实践项目。通过与企业进行合作，学生可以接触真实的工作场景，积累实际工作经验，并与行业专业人士进行交流和合作。这种实践教学模式使学生更好地适应未来职业发展的需求，并为学生的就业创业打下坚实的基础。

#### （二）与行业紧密合作

应用型本科高校与相关行业开展广泛合作，进行实践教学、实习就业等活动，以确保培养出符合行业需求的应用型人才。与行业的紧密合作有助于了解行业的最新发展趋势和需求，及时调整专业设置和课程体系，使之与行业需求保持紧密匹配。

与行业的合作方式多种多样，包括行业导师制度、企业实践基地建设、校企合作项目等。通过行业导师制度，学生可以得到来自行业专家的指导和支持，了解行业实际运作情况，解决实际问题。同时，应用型本科高校积极开展企业实习和就业推荐工作，为学生提供与企业接轨的机会，并为企业提供人才储备和技术支持。

与行业的紧密合作不仅能够提升学生的实践能力和实际操作经验，还能够帮助高校了解行业需求，更新专业设置，提高培养质量和就业率，促进高校与社会的良性互动。

（三）适应社会需求

应用型本科高校的专业设置与课程体系应紧密关联社会需求，及时调整专业方向，以培养适应社会发展需要的人才。随着社会变革的不断加快，行业和领域的需求也在不断演变，应用型本科高校要紧跟社会需求的变化，灵活调整专业设置和课程内容。

为了适应社会需求，应用型本科高校积极开展专业评估和市场调研工作，了解就业市场对各个行业的需求情况。根据市场需求，调整专业设置，增设新兴专业，拓宽学生的就业领域和机会。同时，应用型本科高校注重培养学生的综合素质和创新能力，使他们具备自主学习和适应能力，能够在不断变化的社会环境中持续发展和成长。

为了提高教学质量和培养效果，应用型本科高校还注重与社会各界的合作交流。通过与企业、政府、科研机构等的深入合作，了解社会发展的前沿动态，紧密结合学科前沿和实际需求，推动高校的教学和科研工作与社会需求保持紧密衔接。

（四）育人和就业并重

应用型本科高校既注重学生的综合素质培养，培养学生的创新精神和实际动手能力，又注重学生的就业情况和市场竞争力。育人和就业并重是应用型本科高校的办学宗旨，旨在培养具有高素质、实践能力强、适应性强的应用型人才。

为了实现育人和就业并重，应用型本科高校注重课程建设和教学方法改革。在课程设置上，加强学科基础和专业知识的教学，注重学生的实践操作能力培养，强化创新能力和团队合作意识的培养。在教学方法上，引入问题导向和案例教学等教学模式，激发学生的学习兴趣和主动性。

在学生就业方面，应用型本科高校积极开展就业指导和职业规划工作，为学生提供全方位的就业服务。高校建立完善的就业网络和资源平台，与企业、行业协会等建立紧密联系，及时获取就业信息和岗位需求。同时，高校还组织各类就业招聘会、校园企业宣讲会等活动，为学生提供与企业对接和面试机会。

为了提高学生的就业竞争力，应用型本科高校注重培养学生的实践能力和综合素质。高校鼓励学生积极参加科研创新项目、社会实践活动、学术竞赛等，提升学生的实际操作能力和专业技术水平。同时，高校还注重培养学生的团队合作精神、沟通交流能力和创新思维，使其具备适应社会发展和工作环境的能力。

此外，应用型本科高校还积极推进产学研合作，提供学生实习就业的机会。高校与企业、行业合作建立实习基地，为学生提供真实的工作环境和实践机会。通过实习，学生可以将所学知识应用于实际工作中，增加实践经验和职业素养，为就业做好充分准备。

育人和就业并重的理念也体现在教师队伍建设上。应用型本科高校注重教师的实践经验和行业背景，鼓励教师与企业、行业保持密切联系，及时了解行业动态和需求变化，并将其运用到教学中。教师通过自身的实践经验和行业背景，能够为学生提供更贴近实际、具有行业导向的教学内容和案例，帮助学生更好地适应社会需求。

总之，应用型本科高校以实践导向为核心，与行业紧密合作，适应社会需求，育人和就业并重。通过培养学生的实践能力和综合素质，使其成为具备创新精神和实际动手能力的应用型人才，能够适应社会发展的需要，并顺利就业。应用型本科高校的努力旨在为社会培养出更多符合行业需求、具有竞争力的应用型人才，为国家和社会的发展做出贡献。

**四、应用型本科高校的培养目标**

（一）知识与技能培养

应用型本科高校在知识与技能培养方面，致力于使学生掌握扎实的专业知识和实际操作技能，以使他们能够在工作岗位上胜任。首先，在专业知识方面，高校注重基础学科的教学，以确保学生具备全面的学科基础。同时，高校也注重将理论知识与实践结合，通过实验课程和实践项目，让学生亲身参与实际操作，提升他们的操作技能和实践能力。高校还会邀请相关行业的专家来进行专业知识的讲解和分享，使学生了解最新的发展动态和实践经验，为他们的职业生涯打下坚实的基础。

（二）创新与实践能力培养

应用型本科高校非常重视培养学生的创新思维和实践能力，以使他们能够在实际工作中发挥创造力。高校通过开设创新教育课程和实践项目，激发学生的创新意识和独立思考能力。例如，高校会组织学生参与科研项目或创业项目，让他们亲身经历从发现问题到形成解决方案的全过程，培养他们的创新思维和解决问题的能力。同时，高校还会举办创新创业大赛和科技论坛，为学生提供展示和交流创新成果的平台，激励他们不断追求卓越和创新。

（三）职业素养和道德修养培养

应用型本科高校注重培养学生的职业素养，包括道德修养、职业道德和团队合作等方面的培养。高校通过设置职业道德教育课程和专题讲座，引导学生树立正确的职业价值观和职业道德观，培养他们遵守职业道德规范的自觉性和责任感。高校还注重培养学生的团队合作能力，通过团队项目和合作实践，让学生学会有效沟通、协作和领导团队，培养他们具备良好的团队合作精神和协调能力。

（四）社会责任感培养

应用型本科高校致力于培养学生的社会责任感，使他们具备为社会做出贡献的意识和行动能力。高校通过组织社会实践活动、参与志愿者服务和社会实习等形式，让学生深入了解社会现实和问题，并引导他们思考如何通过自身专业知识和技能为社会做出贡献。高校还鼓励学生参与社会公益活动，如环境保护、社区建设等，培养他们的社会责任感和公民意识，激发他们积极关注社会问题并主动参与解决问题。

**五、应用型本科高校的办学成就**

（一）人才供给与社会需求的契合度高

应用型本科高校通过对专业设置、教学内容和教学方法的合理规划，能够培养出与社会需求相匹配的毕业生。首先，应用型本科高校在专业设置上充分考虑了市场需求和行业发展趋势，开设了符合实际需要的专业，确保了毕业生在就业市场上具备竞争力。其次，在教学内容上，应用型本科高校注重培养学生的实践能力和职业素养，将理论知识与实际应用相结合，使学生能够更好地适应工作岗位的需求。最后，在教学方法上，应用型本科高校采用了案例教学、项目实训等方式，让学生通过实际操作来提升自己的技能和能力，更好地满足社会对应用型人才的需求。

由于应用型本科高校毕业生与社会需求的契合度高，其就业率和就业质量较高。这是因为他们所掌握的专业知识和实践能力符合企业和组织的实际需求，能够快速适应工作环境并展现出良好的职业素养。这些毕业生不仅能够在各行各业中找到就业机会，还能够为社会提供大量专业技术人才，推动社会经济的可持续发展。

（二）实践教学成效显著

应用型本科高校注重实践教学，通过实习、实训、实验等实践环节，使学生能够将理论知识应用到实际操作中，提升了学生的实际能力和解决问题的能力。

实习是应用型本科高校实践教学的重要组成部分。学生在校期间有机会进入企业或相关机构进行实习，与实际工作环境接触，学习专业知识的应用和实际操作技能。通过实习，学生可以更好地了解自己所学专业的实际需求，培养职业素养和工作态度。

实训是应用型本科高校实践教学的重要手段之一。学生通过参与各类实训项目，进行模拟实战和实际操作，锻炼专业技能和解决问题的能力。实训活动通常由专业师资和企业导师共同组织，确保学生在实践中能够获得有效指导和反馈。

此外，实验也是应用型本科高校实践教学的重要方式之一。学生通过参与各类实验课程，进行实验设计、数据采集和分析，掌握实验操作技巧和科学研究方法。实验课程旨在培养学生的实验能力和科学精神，使他们能够在日后的工作中进行科学研究和创新实践。

总的来说，应用型本科高校注重实践教学，通过实习、实训、实验等实践环节，使学生能够将理论知识应用到实际操作中，提升了学生的实际能力和解决问题的能力。这种实践教学的方式使得学生在毕业后能够迅速适应工作岗位，并且具备解决实际问题的能力，为社会提供了更加优秀的应用型人才。

（三）产学研合作成果丰富

应用型本科高校与企业、科研机构等开展了深入的产学研合作，取得了一系列科研成果和应用技术成果，为社会经济发展做出了积极贡献。

应用型本科高校与企业开展合作，能够将高校的专业知识和资源与企业的实际需求相结合。通过合作研究项目，双方能够共同探索解决实际问题的新方法和新技术，提升产业技术水平。这种产学研合作不仅能够有效推动科技创新和产业升级，还能够培养出更多适应市场需求的应用型人才。

应用型本科高校与科研机构的合作，能够促进学术研究和科学创新。通过共同开展科研项目，双方能够共享研究成果和资源，推动学术发展和科技进步。这种合作不仅有助于提高应用型本科高校的教学水平和科学研究能力，也为社会经济发展提供了新的科技支撑。

应用型本科高校还与政府部门开展合作，参与社会问题的解决和公共事务的推动。通过参与社会实践、公益活动等方式，应用型本科高校能够培养学生的社会责任感和公民意识，使他们能够积极参与社会建设和发展。

（四）社会影响力不断提升

应用型本科高校在培养应用型人才、解决社会问题等方面取得了显著成绩，逐渐提升了自身的社会影响力。其毕业生在各行各业取得了良好的职业发展，并受到社会的广泛认可和赞扬。

应用型本科高校培养出的毕业生具备较强的实践能力和解决问题的能力，能够在工作中展现出优秀的专业素养和职业道德。这使得他们在职场中能够获得更好的发展机会和晋升空间，赢得了雇主和同事的认可。

应用型本科高校注重实践教学和产学研合作，培养出的毕业生在专业领域内具备较高的知识和技能水平。他们在各自的行业中能够为企业和组织带来实际效益，解决实际问题，推动行业的发展和进步。这种积极贡献使得应用型本科高校逐渐受到社会的关注和认可。

总的来说，应用型本科高校通过与社会需求的契合度高、实践教学成效显著、产学研合作成果丰富以及社会影响力不断提升等方面的努力，为社会提供了大量优秀的应用型人才。这些人才具备实际能力和解决问题的能力，能够迅速适应工作环境并为企业和社会创造价值。同时，应用型本科高校与企业、科研机构等开展合作，取得了一系列科研成果和应用技术成果，推动了社会经济的发展。应用型本科高校的社会影响力也逐渐提升，其毕业生在各行各业中取得了良好的职业发展，并受到社会的广泛认可和赞扬。

# 第二节　应用型本科高校的重要意义

## 一、促进社会经济发展

应用型本科院校在促进社会经济发展方面发挥着至关重要的作用。这些院校注重培养实践技能和职业素养，为市场需求提供适应的专业人才。

（一）为社会经济发展提供专业人才

应用型本科院校与产业界密切合作，不断优化课程设置和教学内容，确保学生获得与时俱进的知识和技能。通过与企业建立实习合作关系，学生能够在真实工作环境中学习并运用所学知识，增强职业素养。此外，院校还与行业协会、商会等组织合作，共同研究市场需求和行业趋势，及时调整专业设置，培养出符合市场需求的专业人才，奠定社会经济发展的人才基础。

（二）推动科技创新转化为商业价值

应用型本科院校注重产学研结合，鼓励学生参与科研项目和实践活动。通过与企业和科研机构的合作，院校能够将科技成果转化为实际应用，提升产业技术水平。同时，学生参与创新创业项目，培养创新思维和创业精神，促进经济的发展和创新。

应用型本科院校积极推动知识转移和技术转型。他们与企业合作开展技术研发和技术转移项目，将研究成果应用到实际生产中，推动产业的转型和升级。同时，院校还鼓励教师和学生创办科技企业，将创新成果转化为商业价值，促进经济的发展。

（三）在促进产业升级中扮演重要角色

应用型本科院校在促进产业升级方面扮演着重要角色。以下从四方面进行阐述：

首先，应用型本科院校密切关注产业发展需求和趋势，注重培养学生与产业相匹配的技能和知识。与企业、行业协会建立紧密合作关系，使学生获得与实际工作环境相符的经验和技能，增强其职业竞争力。

其次，应用型本科院校与企业、科研机构紧密合作，共同进行技术创新和研发项目。通过与企业密切合作，了解市场需求和技术趋势，提供前瞻性的研究和解决方案，促进产业升级。同时，通过科技成果转化和技术转让，将研究成果应用于实际生产，推动产业技术水平和竞争能力提升。

再次，应用型本科院校注重培养学生的创新和创业能力，设置创新创业教育课程并搭建孵化平台。提供创业培训、导师指导和项目资助等支持，帮助学生将创新成果转化为商业机会，推动产业创新与升级。

最后，应用型本科院校积极开展学术交流与技术合作，与其他高校、研究机构、行业协会合作，促进多方力量的汇聚。通过合作研究、行业研讨会等活动，共同解决产业发展中的问题和挑战，推动产业技术水平提升。

**二、满足人才需求**

**（一）应用型高校对于人才的培养**

《大学》中说："欲修其身者，先正其心；欲正其心者，先诚其意；欲诚其意者，先致其知，致知在格物。"大意是说，想要修养身心，要先端正心态；想要端正心态，要先证实诚意；想要证实诚意，要先丰富知识，丰富的知识在于研究事物的真理。这里强调了知识与理论的重要性，但是，如果仅仅只有知识与理论，缺乏实践，知识与理论也便失去了存在的价值和意义。应用型本科高校注重培养学生理论结合实践的能力，使学生能够学以致用，实事求是。这样的学生是具有较强理论功底、突出的实践应用能力与研究能力的人才，是产学研结合型人才。可以说，应用型本科高校对于人才的培养满足了社会和经济发展的需求。

**（二）培养高素质人才**

满足人才需求的关键在于培养高素质的人才。高素质的人才是社会经济发展的重要支撑，他们具备专业知识和实践能力，能够适应经济社会的发展需求。为了培养高素质人才，应用型本科院校在育人过程中可以采取以下措施。

**1.推进教育改革**

应用型本科高校可以完善教育课程和教学方法，提高教育质量。通过一系列教育教学改革，可以培养具有综合素质和创新能力的人才。具体措施包括以下几点。

优化课程设置。注重培养学生的综合素质和创新能力。除了传统学科知识，还要注重培养学生的实践能力、团队合作能力和创新思维。

推行多元评价机制。不仅仅以考试成绩评价学生，还要注重学生的实际表现、创新能力和综合素质。

加强教师培训。提高教师的教育教学水平和创新能力，使他们能够更好地引导学生，培养高素质人才。

2.加强职业教育

职业教育是培养适应市场需求的技术技能人才的重要途径。为了提高应用型本科院校职业教育的质量，我们可以采取以下措施。

加大对职业教育的投入，提高教育资源的配置和师资力量，改善教学设施和条件，提高教育质量。

制定与市场需求相适应的职业教育课程，注重实践操作能力的培养，开设与实际工作需求紧密相关的专业课程。

建立与企业合作的机制，开展校企合作，提供实习和就业机会，增强学生的实践能力和就业竞争力。

3.拓宽人才培养途径

为了满足不同人才的需求，我们需要开展多样化的人才培养途径。除了传统的高校教育，还可以开展企业培训、社会实践等形式的培养。具体措施包括如下几点。

企业可以在院校定期举办培训讲座，为学生提供岗位培训和职业发展机会，让学生能够不断提升自己的技能和知识。

鼓励企业与高校、科研机构等建立长期合作关系，共享资源，开展联合培养项目，为人才提供更多选择和机会。

鼓励人才参与社会实践活动，通过实践锻炼，培养他们的实际操作能力和创新思维。

4.强化创新创业教育

创新创业是推动经济社会发展的重要力量，需要培养具备创新精神和创业能力的人才。为了实现这一目标，我们可以采取以下措施。

强化创新创业教育，将创新创业教育融入各个学科的教学过程中，培养学生的创新思维和创业意识。

提供创新创业的实践机会，例如设立创业孵化基地、创新创业实验室等，为学生提供创业的平台和资源支持。

鼓励学生参与创新创业竞赛和项目，提供奖励和资金支持，激发他们的创新创业热情。

（三）优化人才流动机制

为了满足人才需求，高校还需要优化人才流动机制。人才流动是人才发展的重要方式，能够促进知识和经验的共享，推动人才的合理配置。为了优化人才流动机制，可以采取以下措施。

1. 支持高校人才跨地区流动

建立高校人才流动的便利化政策和机制，鼓励人才在不同地区间流动，促进人才资源的合理配置。具体措施包括：放宽人才流动的限制，简化人才流动的手续和程序，提高人才流动的效率。提供各种优惠政策和待遇，例如购房、子女教育等方面的支持，吸引人才跨地区流动。

2. 提供良好发展环境和待遇

提供良好的薪酬待遇、工作环境和发展机会，吸引和留住优秀人才。具体措施包括：提高高校人才薪酬水平，确保高校人才的收入能够与其贡献相匹配。提供良好的工作环境和职业发展机会，让高校人才能够充分发挥自己的才能和潜能。加强高校人才培训和技能提升，提供学习和成长的机会，使人才能够不断提升自己的能力。

3. 构建高校人才评价和激励机制

建立公正、科学的高校人才评价体系，并根据评价结果给予相应的激励措施。具体措施包括：设立优秀人才奖励制度，鼓励和表彰在各个领域有突出贡献的人才。建立多元化的晋升通道，使人才有更多的机会晋升和发展。建立个人发展档案和绩效考核机制，为人才的职业生涯规划和发展提供支持。

4.加强高校人才交流与合作

促进高校人才间的交流与合作，提高高校人才之间的互动和共享。具体措施包括：组织各类学术交流活动和人才培训班，促进不同领域人才的交流和合作。鼓励企业间的技术创新合作，提供资源共享和互利共赢的机会。加强与高校、科研机构的合作，搭建产学研合作平台，促进科技成果的转化和应用。

（四）提供多元化职业发展路径

满足高校人才需求还需要提供多元化的职业发展路径。不同人才有不同的职业发展需求，我们需要为他们提供多样化的选择和发展机会。为了提供多元化职业发展路径，可以采取以下措施。

1.推动职业教育与产业需求对接

为了更好地培养符合实际需求的人才，我们需要加强职业教育与各行业、企业之间的沟通和合作。这种合作可以通过建立定期的交流机制和合作平台来实现。高校可以与企业签订合作协议，了解企业对人才的需求，并及时调整职业教育的培养目标和内容，使其更贴近实际需求。一种有效的方式是开展校企合作项目。高校可以与企业共同设计课程，邀请企业专家参与教学，提供实践机会和案例分析，使学生能够更好地理解实际工作环境和岗位要求。此外，高校还可以组织到企业参观和实习，让学生亲身体验企业运作和工作流程，增强就业竞争力。

2.提供职业发展指导和咨询

为了帮助人才做出正确的职业规划和发展选择，我们可以建立专业的职业发展指导和咨询机构。这些机构可以为个人提供职业规划、培训和发展方面的支持和指导。

职业发展指导和咨询机构可以根据个人的兴趣、才能和市场需求，制定个性化的职业规划方案。他们可以提供相关行业和职业的就业市场信息、薪酬水平以及发展前景等方面的咨询，帮助人才了解各种职业路径，并做出明智的决策。此外，他们还可以为个人提供培训资源和技能提升建议，帮助他们不断提升自己的竞争力。

3.鼓励多元化职业发展形式

在现代社会，人才的职业发展路径已经不再局限于传统的就业形势。为了更好地满足人才的个性化需求，我们应该鼓励人才尝试不同的职业发展形式，包括创业、自由职业、远程工作等。

高校可以为有创业意愿的人才提供创业支持和创业培训，包括创业孵化基地、创业指导和创业担保贷款等。同时，高校还可以与企业合作，提供灵活的就业形式和机会，如远程工作、项目合作等，让人才能够充分发挥自己的优势，实现职业发展的多样化。

4.加强职业培训和继续教育

为了适应经济社会的发展需求，人才需要不断提升自己的技能和知识。因此，我们应该加强职业培训和继续教育的机会，为人才提供学习和成长的平台。

高校可以开设职业培训课程，提供行业认证和专业证书培训，帮助人才获取实际工作所需的技能和知识。同时，高校还可以与企业合作，开展定制化的培训项目，根据企业的需求和人才的特点来提供针对性的培训课程。此外，高校还可以鼓励人才参与各类学习和培训活动，如研讨会、讲座、工作坊等，以便他们能够不断更新自己的知识和技能。

**三、提升职业教育水平**

（一）应用型本科高校对于学生职业水平的提升

传统的教学模式经常将教学与市场需求割裂开，这种模式下培养的本科段学术型人才的职业生涯，很可能会因为缺乏职业水平而受到限制。应用型本科院校在人才的职业教育培养方面有更多优势。应用型本科院校有明确的教学目标，会在理论教学、实践教学、选修课辅助、第二课堂辅助等层面培养学生理论与实践双重能力。以一商学院为例，学院在课程层面，设置一些选修课，有兴趣类的，如围棋、茶艺等；有技能类的，如土木工程和绘图方面的选修课，小语种选修课等；有学术类的，给有意继续深造者开设更深程度的课程等。商学院还与企业合作，培训学生职业技能，深入企业试岗，提供实习岗位等。商学院的培养机制，是典型的应用型人才培养机制。

（二）优化课程设置

为了提升高校的职业教育水平，我们需要通过优化课程设置来满足市场需求和培养学生的实践能力和职业素养。以下是具体的措施。

1.更新课程内容

应用型本科高校要密切关注新兴行业和领域的发展趋势,及时更新课程内容,以确保与市场需求保持一致。为此,可以建立行业专家和企业代表参与课程编制的机制,确保课程设置与实际应用紧密结合。通过与行业专家和企业代表的合作,可以获取最新的行业信息和技术动态,将其融入课程,帮助学生掌握最新的知识和技能。

2.强化实践教学

为了培养学生的实际应用能力,应用型本科高校应加强实践教学环节。首先,可以提供更多的实践机会和实际操作,使学生能够将理论知识应用于实际工作中。其次,可以与企业合作,开设实习岗位或提供实践项目,让学生在真实工作环境中学习和实践。最后,还可以组织学生参加社会实践活动、科研创新项目和学术竞赛等,提升学生的实践能力和综合素质。

3.建立课程评价体系

应用型本科高校应建立科学的课程评价体系,对课程进行评估和改进。可以采用学生评价、毕业生就业情况等指标来评价课程质量和效果。学生评价可以通过问卷调查、小组讨论等方式进行收集,了解学生对课程的满意度、实用性等方面的评价。毕业生就业情况可以反映出课程对学生就业竞争力的影响。根据评价结果,可以对课程进行调整和改进,提高教学质量和实际效果。

4.加强产学研合作

应用型本科高校应与企业、研究机构等开展紧密的产学研合作。通过与企业的合作,可以将实践案例和最新科技成果融入课程设置,增加课程的实践性和针对性。可以开展企业导师制度,邀请企业专家参与教学过程,提供行业最新动态和案例,帮助学生了解实际工作需求和挑战。此外,还可以与研究机构合作,开展科研项目,培养学生的科研能力和创新精神。

(三)提升教师专业水平

提升高校教师的专业水平是提升职业教育水平的关键。以下是具体的措施。

1.建立教师培训机制

为了提高教师的教学水平,我们需要建立健全的教师培训机制。这个机制应该包括定期的培训计划、课程和内容。培训内容可以涵盖职业教育理论、教学方法、行业知识和技能等方面，提高教师的教学水平。

我们可以设立一个定期的培训计划。这个计划可以根据教师的需求和发展阶段，制定相应的培训安排。例如，新任教师可以接受基础教育理论和教学方法的培训；中级教师可以进一步学习行业相关的知识和技能；高级教师可以参与教育研究和深入学科领域的培训。通过定期的培训，教师可以不断更新自己的知识和能力，提高教学水平。

培训课程和内容应该多样化且针对性强。可以邀请专业的培训师或内部教师来授课，涵盖各个学科和专业领域的知识和技能。培训内容可以包括教学理论、教学设计、课堂管理、评价与反馈等方面。同时，还可以引入先进的教育技术和在线学习平台，提供多样化的培训方式，满足不同教师的学习需求。

2. 提供专业发展机会

除了定期的培训，我们还应为教师提供专业发展的机会。这些机会可以包括参加学术研讨会、培训课程、进修学习等。通过参与这些活动，教师可以与同行进行交流，获取最新的教育研究成果和教学方法。同时，这些机会也可以促进教师个人成长和职业发展。

学术研讨会是一个很好的专业发展机会。教师可以参加学术研讨会，分享自己的研究成果和经验，与其他专家学者进行深入交流。这样可以拓宽教师的学术视野，了解最前沿的教育理念和实践。

培训课程也是教师专业发展的重要途径之一。高校或相关机构可以组织各类培训课程，供教师选择参加。这些课程可以涵盖教育技术应用、课程设计与评价、学科知识更新等内容。通过参与培训，教师可以不断提升自己的专业素养和教学能力。

进修学习也是一种重要的专业发展方式。高校可以鼓励教师申请进修学习，深入研究某个领域或专题。可以设立相应的经费支持教师进行进修学习，提供必要的资源和条件。通过进修学习，教师可以拓宽视野，提高学术造诣和专业水平。

3. 鼓励教师实践经验分享

教师的实践经验是非常宝贵的资源，可以为其他教师提供借鉴和启发。因此，我们应该鼓励教师之间的实践经验分享，促进交流和合作。

高校可以设立教师分享平台或者组织教师经验交流会。这些平台或者会议可以提供一个让教师们分享实践经验、教学方法和教材资源的机会。教师可以互相学习，共同成长。

可以建立教师合作小组或者教研活动。教师可以自愿组成小组，共同研究和探讨某个专题或问题。通过合作研究，教师们可以互相交流心得、分享实践，并共同解决教学中的困惑和挑战。

高校还可以邀请优秀的教师进行示范课程或者工作坊，让其他教师观摩和学习。这样可以激发教师们的创新思维和教学热情，提高整体的教学质量。

4. 加强评价和激励机制

建立科学的教师评价体系，对教师的教学进行全面、客观地评估，并根据评价结果给予教师激励。

评价体系应该综合考虑学生评价、同行评审和自我评价等多个因素。学生评价可以反映教师教学效果和学生满意度，同行评审可以提供专业的评价和建议，自我评价可以让教师对自己的教学进行反思和改进。

评价应该注重教师的专业发展和成长。除了关注教学效果，评价还应该关注教师在教育研究、课程设计、创新能力等方面的表现。评价结果可以作为教师晋升、薪酬调整、职称评定等决策的依据。

同时，高校可以设立相应的激励机制，以激发教师的积极性和创造力。例如，设立教学优秀奖励，对教学成绩突出的教师给予嘉奖或奖金；举办教学比赛或评选教师标兵，激励教师们积极参与教学改革和创新。

（四）拓宽就业渠道和机会

为了提升职业教育水平，高校还需要拓宽学生的就业渠道和机会。以下是具体的措施。

1. 加强与企业的合作

为了培养高素质人才，我们需要加强高校与企业的合作。这种合作可以包括与各行各业的企业建立密切的合作关系，加强与企业的沟通和交流。一种有效的方式是建立校企合作基地，通过与企业共同开展教学实践、创新研究等活动，为学生提供就业机会和实习机会。

校企合作基地可以成为高校与企业之间的桥梁，促进双方之间的深度合作。高校可以邀请企业专家来校讲座，分享最新的行业发展动态和技术知识；企业可以提供实践机会，让学生在真实的工作环境中学习和实践。此外，还可以开展联合研究项目，通过共同研究解决实际问题，促进产学研合作。

2. 建立就业信息平台

为了提供及时、准确的就业信息，高校可以建立完善的就业信息平台。该平台可以整合各类招聘信息和就业资源，向学生提供职场动态、就业市场趋势以及具体岗位需求等信息。学生可以通过平台了解不同行业的就业情况和就业机会，从而更好地规划自己的职业发展。

这个就业信息平台可以为学生提供多样化的服务，如在线求职、简历制作、面试技巧培训等。同时，还可以与企业建立合作关系，将企业的招聘需求和岗位信息发布在平台上，方便学生进行筛选和申请。这样的平台能够有效地促进学生与潜在雇主之间的联系，提高学生的就业成功率。

3. 提供创业支持

除了就业，高校还应该鼓励学生追求创业的梦想。为此，高校可以为有创业意愿的学生提供创业支持和创业培训。可以设立创业孵化基地，提供创业指导、创业培训、创业担保贷款等支持，帮助学生实现创业梦想。

创业孵化基地可以提供办公场所、导师指导、项目评估等资源，为学生提供一个良好的创业环境。此外，还可以组织创业讲座、创业比赛等活动，激发学生的创新创业精神，并为他们提供与企业家和投资者交流的机会，拓展创业网络。

4. 加强就业指导和辅导

为了帮助学生提高就业竞争力，高校应该建立健全的就业指导和辅导体系。可以组织就业指导讲座、模拟面试等活动，向学生传授求职技巧、简历编写、面试技巧等方面的知识。此外，还可以开设就业指导课程，为学生提供个性化的就业规划和发展指导。

在就业指导和辅导方面，高校可以邀请行业专家、校友或成功的职业人士来校分享经验，提供实用的就业建议。同时，高校还可以为学生提供个性化的就业规划咨询服务，帮助他们了解自身优势和兴趣，并制定适合自己的职业发展路径。

通过加强与企业的合作、建立就业信息平台、提供创业支持和加强就业指导和辅导，高校能够更好地培养高素质人才并为人才提供多元化的职业发展路径。这些措施将有助于满足社会对人才的需求，促进社会经济的稳定发展。同时，也能够提升学生的就业竞争力，使他们更好地适应经济社会的发展需求。

# 第二章　实践育人工作的重要性

## 第一节　大学生社会实践发展过程

### 一、大学生社会实践的起源与背景

#### （一）大学生社会实践的起源

大学生社会实践的起源可以追溯到 20 世纪初，当时一些西方国家的大学开始提倡学生参与社会实践活动，以加强学生的实践能力和社会责任感。这种理念逐渐传入中国，成为中国高等教育改革的一部分。1983 年 10 月 28 日，共青团中央、全国学联联合发出了《关于纪念"一二·九"运动 48 周年，开展"社会实践周"活动的通知》。通知一发出，立刻得到全国各地高校团组织和大学生的积极响应。

大学生社会实践活动由自发到有组织的深入开展，使得团中央认识到这项活动对于推动教育改革，促进教育与现实社会结合，引导和帮助青年学生健康成长，具有不可低估的意义，因此应该坚持下去。于是团中央决定加强对大学生社会实践活动的引导，对大学生社会实践活动进行组织化和规范化的管理，将其纳入团组织重点工作的序列。

#### （二）大学生社会实践的背景

大学生社会实践的开展背景是多方面的。首先，随着社会经济的发展和进步，人民对大学生的期望越来越高，希望他们能够具备实际工作能力和社会责任感。其次，高等教育的改革也促使了大学生社会实践的兴起，大学教育不再仅仅注重理论知识的传授，更加重视培养学生的实践能力和综合素质。最后，社会问题的日益突出，需要大学生积极参与社会实践，为社会发展和进步做出贡献。大学生社会实践的背景因素多种多样，共同推动了大学生社会实践的发展。

（三）大学生社会实践的目的

大学生社会实践的目的是培养学生的实践能力、创新精神和社会责任感，使他们能够更好地适应社会发展的需要。通过参与社会实践，学生可以了解社会现实、感受社会的多样性和复杂性，增强与他人的沟通和合作能力，并且在实践中改善自己的专业技能。此外，大学生社会实践还有助于提升学生的综合素质，培养他们的社会责任感和公民意识，为建设和谐社会做出积极贡献。

（四）大学生社会实践的原则

大学生社会实践的开展应遵循以下原则：第一，实践活动要与学科专业相结合，既注重学生专业知识的运用，又关注实际问题的解决。第二，实践活动要注重社会效益，要有助于社会经济发展和社会问题的解决。第三，实践活动要尊重学生的主体地位，鼓励学生自主参与、自我发展。第四，实践活动要注重实践与理论相结合，既在实践中获取经验，又通过理论分析和总结提高实践能力。

**二、大学生社会实践的发展历程**

（一）大学生社会实践的初期发展

大学生社会实践的初期发展可追溯到 20 世纪 80 年代，在此之前，大学生的实践活动主要局限于校内，缺乏与社会实际紧密结合的机会。20 世纪 90 年代初，中国各地高校开始尝试组织学生进行社会实践活动，其中以清华大学为代表，开展了一系列有影响力的实践项目。这些实践活动促进了大学生社会实践的兴起，并推动了后续的发展。

（二）大学生社会实践的规模扩大

随着大学生社会实践的逐渐普及，越来越多的高校开始加入这一行列中。各地政府和教育部门也纷纷出台相关政策和文件，支持和鼓励大学生社会实践的发展。大学生社会实践的规模不断扩大，参与人数逐年增加，并涉及各个领域和行业。

（三）大学生社会实践的内容丰富多样

随着大学生社会实践的发展，实践活动的内容也越来越丰富多样。除了传统的农村支教、社区服务等项目外，还涌现出科研创新、创业实践、志愿者服务、文化交流等多种形式的实践活动。这些实践项目不仅满足了学生的个性化需求，也为他们提供了更广阔的发展空间。

（四）大学生社会实践的国际交流合作

随着全球化的进程，大学生社会实践也开始呈现出国际化的趋势。越来越多的中国大学生走出国门，参与国际交流和合作项目。同时，国内高校也积极邀请外国学生来华参与社会实践，推动不同国家、不同文化背景的学生之间的交流与互动。

### 三、大学生社会实践的组织与管理

（一）大学生社会实践的组织机构

大学生社会实践的组织机构可以分为高校层面和社会层面。在高校层面，通常设立有学生社会实践指导中心或办公室，负责统筹协调高校范围内的社会实践活动。指导中心通常由专门的工作人员负责，他们负责制定实践计划、组织培训、管理经费等。在社会层面，高校通常与社会各界建立合作关系，与社会组织、政府部门、企事业单位等合作，提供实践机会和资源支持。

（二）大学生社会实践的管理制度

大学生社会实践的管理制度包括实践活动的组织管理、经费管理、安全管理等方面。在组织管理方面，需要制定相关规章制度，明确实践活动的目标、内容、时间和要求，确保实践活动的顺利进行。在经费管理方面，需要建立健全的经费审批和使用制度，确保经费使用合理、透明。在安全管理方面，需要对实践活动进行风险评估和管控，保障学生的人身安全和财产安全。

（三）大学生社会实践的导师制度

为了更好地指导和引导学生进行社会实践活动，大学生社会实践通常会建立导师制度。导师可以是高校教师、社会专业人士或企事业单位的工作人员，他们负责指导学生的实践活动，帮助学生解决实践中遇到的问题，并提供相关专业知识和经验。通过导师制度，学生可以充分利用导师资源，获得更全面的指导和支持。

（四）大学生社会实践的评估与认证

为了对学生社会实践活动进行评估和认证，通常会建立相应的评估体系和认证机制。评估可以从多个维度进行，包括学生的实践能力提升、社会影响力、项目成果等方面。认证可以由高校、社会组织或政府部门进行，通过审核和认证，将学生的社会实践活动纳入学分制度、奖励制度或荣誉称号，进一步激励学生积极参与社会实践。

**四、大学生社会实践的主要形式**

（一）农村支教

农村支教是大学生社会实践的重要形式之一。通过到农村地区开展支教活动，学生可以了解农村教育现状、关注农村孩子的教育问题，并为他们提供教学支持和帮助。这种形式的社会实践有助于提高学生的社会责任感和教育能力，同时也对农村地区的教育发展起到促进作用。

（二）社区服务

社区服务是大学生社会实践的常见形式之一。通过到社区开展志愿服务活动，学生可以了解社区的需求，为居民提供各种服务，促进社区的发展与融合。社区服务不仅提升了学生的实践能力和专业素养，也加强了学生与社区居民之间的交流与互动。

（三）实地调研

大学生可以组织小组进行实地调研，通过访谈、观察和问卷调查等方式收集数据，分析和总结社会问题或特定领域的情况，并为相关部门提供政策建议和解决方案。

（四）志愿服务

大学生可以加入志愿者组织或参与志愿服务活动，为社区提供无偿的帮助和支持。他们可以参与社区服务、环保活动、义教助学、慈善募捐等项目，通过亲身行动回馈社会。

（五）社会实习

大学生可以通过实习方式参与社会服务，申请到政府机构、非营利组织、企业或研究机构等进行实习。通过积累实际工作经验，他们能够提升自己的专业能力和职业素养，同时了解社会组织的运作方式。

（六）科研创新

科研创新是大学生社会实践的重要形式之一。通过参与科研项目，学生可以深入了解科学研究的方法和过程，培养科学思维和创新能力。通过科研创新实践，学生能够提高自己的科学素养和研究能力，同时也为社会发展和科技进步做出贡献。

（七）创业实践

创业实践是大学生社会实践的新兴形式之一。通过参与创业项目或创业竞赛，学生可以锻炼自己的创业意识和创新能力，了解创业的流程和挑战。创业实践有助于培养学生的创业精神和团队合作能力，同时也为学生提供了一种创造就业机会的途径。

应用型本科院校所组织的这些形式的大学生社会实践，使学生能够深入了解社会问题和需求，提高专业能力和实践能力，为社会做出积极贡献。同时，这些实践也为大学生提供了拓宽视野、培养综合素质和发展个人潜力的机会。

**五、大学生社会实践的影响与意义**

（一）对学生个人的影响

大学生社会实践对学生个人具有深远的影响。首先，它可以拓宽学生的视野，增加社会经验，丰富人生阅历。其次，它可以提高学生的实践能力和解决问题的能力，培养学生的创新思维和团队合作精神。最后，大学生社会实践还可以培养学生的社会责任感和公民意识，使他们更加关注社会问题和参与社会建设。通过社会实践的经历，学生可以增强自信心、独立思考能力和领导才能，为将来的职业发展打下坚实的基础。

（二）对社会的影响

大学生社会实践对社会也具有积极的影响。首先，社会实践为社会提供了一批充满活力、富有潜力的青年力量。通过他们的参与和贡献，可以促进社会的进步和发展。其次，大学生社会实践可以解决一些社会问题和需求，为弱势群体提供帮助和支持，推动社会公平与公正。最后，社会实践还可以促进校企合作、产学研结合，为社会经济发展提供智力支持和创新动力。

（三）对高校的意义

大学生社会实践对高校具有重要意义。首先，它可以丰富高校的教学内容和方式，打破传统的课堂教学模式，促进理论与实践的结合。其次，社会实践可以提高高校的社会声誉和知名度，吸引更多学生报考该校，提高高校的综合实力和竞争力。最后，通过社会实践，高校可以与社会各界建立广泛的合作关系，为高校的发展提供资源和支持。

总之，大学生社会实践作为一种重要的教育形式，对学生个人、社会和高校都具有深远的影响和积极的意义。通过参与社会实践，学生可以提高自己的实践能力和综合素质，培养社会责任感和公民意识。同时，社会实践也为社会发展提供了源源不断的青年力量和创新动力。高校和社会都应高度重视和支持大学生社会实践活动的开展，为学生提供更多的机会和平台，促进他们全面成长和发展。

# 第二节　实践育人在人才培养中的地位和作用

## 一、实践育人是高等教育的重要任务之一

高等教育的目标不仅仅是传授知识，更重要的是培养学生的综合素质和实践能力。实践育人是通过将理论知识与实际操作相结合，使学生能够灵活运用所学知识解决实际问题，培养学生的实践能力和创新能力。

在高等教育中，实践育人被视为提高教育质量、提升学生综合素质的有效途径之一。通过实践活动，学生可以将所学知识应用到实际问题中，从而巩固和拓展他们的知识体系。与传统的理论教学相比，实践育人能够提供更多的交互式学习环境，让学生在实践中不断探索、尝试和反思，锻炼他们的实践能力和创新能力。

实践育人还有助于培养学生的问题解决能力和适应能力。在实践过程中，学生需要面对各种实际问题，并通过动手实践和实际操作来解决这些问题。这样的实践过程能够提高学生解决问题的能力，培养他们的创新思维和提升他们实际操作的技巧。在今后的学习和工作中，学生通过实践育人所获得的能力将使他们更加容易适应复杂多变的现实环境。

## 二、实践育人对于培养创新能力的作用

（一）实践育人可以培养学生的创新思维

在实践活动中，学生可以通过自主探索和实际操作的方式，培养创新思维。

实践活动给学生提供了一个锻炼创新思维的平台，让他们从不同的角度思考问题，寻找创新解决方案。

实践活动可以引发学生的好奇心和求知欲。在实践中，学生能够亲自参与项目，亲身体验问题出现和解决的全过程。这种亲身经历可以激发学生的兴趣，激发他们对问题的思考和寻找创新解决方案的动力。

实践活动也可以提升学生的观察力和思考能力。通过实地考察和实践操作，学生需要仔细观察事物的特点和变化，并结合实践经验进行思考和分析。这样的实践过程可以提升学生的观察力和思考能力，帮助他们从多个角度去思考问题，为问题寻找更多的解决方案。

实践活动还可以培养学生的问题解决能力和创新意识。在实践过程中，学生常常会面临各种问题和挑战，需要通过思考和实践来解决。这种解决问题的过程可以培养学生的问题解决能力，并激发他们的创新意识，让他们不断尝试和探索创新解决方案。

（二）实践育人可以激发学生的创新潜力

实践活动可以为学生提供一个自主创新的空间和机会，激发他们的创新潜力。通过实际操作和实践，学生可以发现问题、解决问题，从而激发出他们的创新潜力。

实践活动可以激发学生的创新灵感和创造力。在实践过程中，学生可以接触到真实的问题和挑战，需要通过创新思维和创造力来解决。这种挑战性的实践环境可以激发学生的创新灵感，激发他们对问题的独特见解和创新解决方案的想法。

实践活动可以培养学生的实践能力和使他们积累实践经验。通过实际操作和实践，学生能够将理论知识应用到实际问题中，并通过实践不断改进和完善解决方案。这样的实践过程可以提供宝贵的实践经验，培养学生的实践能力，为他们今后的创新工作打下坚实的基础。

实践活动还可以培养学生的团队合作和协同创新能力。在实践活动中，学生常常需要与他人合作、共同解决问题。通过与他人的合作，学生可以学会倾听他人的意见和想法，理解不同观点，形成协同创新的能力。团队合作不仅可以激发学生的创新思维，还可以为他们提供不同角度的思考和解决问题的途径。

（三）实践育人可以培养学生的团队合作和协同创新能力

实践活动是培养学生团队合作和协同创新能力的重要途径。在实践活动中，学生需要学会与他人合作、共同解决问题，通过与他人的合作，培养学生的团队合作和协同创新能力。

实践活动可以让学生体验到团队合作的重要性。在实践中，学生往往需要组建团队，分工合作，共同解决问题。通过实践活动，学生可以亲身体验到团队合作所带来的优势和效果，懂得了团队合作对于解决复杂问题和实现创新的重要性。

实践活动可以培养学生的沟通和协作能力。在团队合作过程中，学生需要与他人进行有效的沟通和协作，共同制定解决方案，并将其付诸实践。这样的合作过程可以培养学生的沟通和协作能力，让他们学会倾听他人的意见和想法，理解不同观点，并能够有效地与团队成员进行交流和协商。

实践活动还可以培养学生的领导能力和组织协调能力。在实践活动中，学生可能需要担任团队的领导角色，负责组织和协调团队成员的工作。通过这样的实践经历，学生可以锻炼自己的领导能力和组织协调能力，学会合理分配任务、激励团队成员，并推动整个团队向着共同目标前进。

（四）实践育人可以培养学生的创新实践能力

实践是创新的源泉，通过实际操作和实践，可以让学生将创新理念付诸实践，锻炼创新实践能力。实践活动可以为学生提供实践环境和机会，让他们在实践中不断探索、实践和改进创新理念。

实践活动可以让学生将创新理念付诸实践。在实践活动中，学生可以实际操作和应用自己的创新想法和解决方案，将理论知识转化为实际成果。这样的实践经验可以让学生更加深入地理解创新过程和方法，并培养他们将创新理念付诸实践的能力。

实践活动可以帮助学生不断探索、实践和改进创新理念。在实践过程中，学生常常需要面对各种问题和挑战，需要通过实践来不断调整和改进解决方案。这样的实践过程可以加深学生对问题的理解，锻炼他们的灵活性和创新能力，使他们能够在不断实践的过程中不断完善和改进创新理念。

实践活动还可以培养学生的实践能力和解决问题的能力。通过实际操作和实践，学生可以锻炼自己的实践能力，学会将理论知识应用到实际问题中，并通过实践不断改进和完善解决方案。实践活动还可以培养学生的解决问题能力，让他们学会运用创新思维和实践经验解决问题，并为实践活动的成功实施做出贡献。

### 三、实践育人对于培养实践能力的作用

#### （一）实践育人可以增强学生的实际操作能力

实践活动对于学生来说是一种重要的学习方式，通过亲身参与和实际操作，学生可以接触到各种实际工具和设备，并且在实践中不断锻炼自己的实际操作能力。比如，在科学实验课上，学生需要亲自进行实验操作，包括使用实验仪器、调整实验条件、记录实验数据等，这样的实践过程可以使学生更加熟练地掌握实际操作的技巧。

实践活动还可以帮助学生将理论知识转化为实际应用能力。在实践中，学生需要将所学的知识应用到具体的情境中，例如，在数学课上解决实际问题、在语言课上进行口语表达等。通过实践，学生可以更好地理解和应用所学的知识，提高他们的实际操作能力。

实践活动还可以培养学生的观察能力和手眼协调能力。在实践活动中，学生需要观察对象、分析现象，并做出相应的反应和操作。例如，在美术课上，学生需要观察真实的景物或模特，并通过实际绘画来表达自己的感受和想法。通过这样的实践，学生可以提高观察能力和手眼协调能力，从而增强实际操作能力。

#### （二）实践育人可以培养学生的问题解决能力

实践活动是学生主动参与和实际操作的过程，在这个过程中，学生往往会面临各种问题和挑战，需要积极思考和解决。通过解决问题的实践活动，学生可以逐步培养和提高自己的问题解决能力。

在实践活动中，学生需要面对现实情境中的问题，并采取相应的行动来解决问题。例如，在社会实践中，学生可能面临如何与陌生人交流、如何规划行程等问题。通过实践活动，他们可以尝试不同的方法和策略，逐渐提高解决问题的能力。

实践活动还可以培养学生分析和解决问题的能力。在实践过程中，学生需要分析问题的原因和影响，并提出解决问题的方法和策略。例如，在科学实验中，学生需要通过观察、测量和实验等方式，分析问题的本质，并找到解决问题的途径。通过这样的实践活动，学生可以培养自己的分析和解决问题的能力。

实践活动还可以培养学生的创新思维和灵活性。在解决问题的过程中，学生需要尝试不同的方法和思路，发现新的解决方案。通过实践活动，学生可以不断锻炼自己的创新思维，培养解决问题的灵活性和创造力。

（三）实践育人可以提高学生的实际工作能力

实践活动对于提高学生的实际工作能力具有重要作用。通过实践活动，学生可以模拟真实的工作场景，提前接触和适应工作环境，从而培养和提高自己的实际工作能力。

在实践活动中，学生可以扮演不同的角色，参与到各种职业模拟中，例如模拟企业运营、模拟法庭辩论等。通过这样的实践，学生可以了解和体验真实的工作场景，从中学习并提高自己的实际工作能力，如沟通协调能力、团队合作能力、问题解决能力等。

实践活动还可以帮助学生培养职业素养和端正工作态度。在实践过程中，学生需要遵守规则、保持专业态度、展示职业操守等。通过实践活动，学生可以加深对职场要求的理解，并逐渐培养起自己的职业素养和树立良好的工作态度，为将来的就业打下坚实的基础。

# 第三节 实践育人对学生综合素质的提升

## 一、实践育人对学生知识水平的提升

### （一）实践育人促进知识的应用与巩固

通过实践活动，学生可以将课堂上所学到的知识应用到实际情境中，加深对知识的理解和巩固。在课堂中，学生只是通过听讲、阅读等被动的方式获取知识，而实践活动则能够让学生亲身参与其中，通过实际操作来应用和巩固所学的知识。

例如，在物理实验中，学生可以亲身体验到物理原理的应用，并通过实际操作加深对物理知识的理解。通过观察实验现象、测量数据以及分析结果，学生不仅可以验证所学的物理理论，还能够更深入地理解其中的逻辑关系。此外，通过实践活动，学生还能够发现和解决实际问题，从而进一步巩固自己的知识。

实践活动还可以帮助学生将抽象的知识转化为具体的实践技能。比如，在语言学习中，学生通过实际运用语言进行交流，可以更好地掌握语法规则、丰富词汇量等知识点。另外，在数学学习中，学生通过解决实际问题，可以将抽象的数学概念应用到实际生活中，加深对数学知识的理解和运用。

### （二）实践育人提供知识拓展的机会

实践活动不仅能够帮助学生巩固已有的知识，还可以提供拓展知识的机会。通过参与科学探究、社区服务等实践活动，学生可以接触到更广阔的知识领域，并拓宽自己的知识。

在科学探究方面，学生可以通过实验、观察和研究等方式深入了解自然现象和科学原理。比如，在生物学实践中，学生可以通过观察植物生长过程、研究动物行为等，了解生命科学的基本原理和规律。在化学实践中，学生可以进行化学试剂的合成和反应实验，深入了解化学元素和化学反应的特性。

社区服务也是实践育人中提供知识拓展机会的重要途径之一。通过参与社区服务活动，学生可以接触到不同的社会问题和需求，了解社会运作的各个方面，并在解决问题的过程中获取新的知识。比如，学生可以参与环保活动，了解环境保护的知识和技能；参与公益活动，了解社会公益事业的运作和管理等。

通过实践活动的参与，学生不仅可以巩固已有的知识，还能够接触到更广阔的知识领域，开阔自己的眼界，丰富自己的知识储备。

（三）实践育人激发学生的学习兴趣和主动性

实践活动通常具有一定的趣味性和挑战性，能够激发学生的学习兴趣和主动性。相比于传统的课堂教学方式，实践活动更加贴近学生的实际需求和兴趣，使学习过程更加生动有趣。

通过实践活动，学生可以亲身参与其中，积极探索和学习。他们可以通过实际操作、观察、实验等方式来获取知识，从而增强对知识的兴趣和好奇心。在实践中，学生可以自主选择学习的内容和方式，根据自己的兴趣和需求进行学习，这种主动性能够激发学生的学习动力，提高学习效果。

实践活动还可以提供一种自主学习的环境和机会。学生在实践中可以自由地提出问题、探索解决方案，并通过实际操作来验证和实践自己的想法。这种自主学习的过程培养了学生的探究精神和解决问题的能力，同时也增强了学生的自信心和积极性。

实践活动中的团队合作也能够激发学生的学习兴趣和主动性。在实践过程中，学生需要与他人进行合作、交流和协作，共同完成任务和解决问题。这种合作和交流的过程不仅培养了学生的团队合作精神，也增强了他们的学习主动性。

（四）实践育人培养学生的批判思维和创新能力

实践活动注重学生的思考和解决问题的能力培养，可以培养学生的批判思维和创新能力。通过实践中的观察、实验、分析等过程，学生可以培养对问题的深入思考和分析能力，从而提高他们的批判思维能力。

在实践活动中，学生通常面临各种问题和挑战，需要通过思考和分析来解决。他们需要观察现象、收集数据、进行实验，并通过分析和推理来得出结论。这个过程培养了学生的逻辑思维能力和问题解决能力，使他们能够更加深入地理解问题的本质和解决方法。

实践活动还能够培养学生的创新能力。在实践中，学生需要面对不同的情境和需求，需要自主设计和实施解决方案。他们可以发挥想象力和创造力，提出新颖的解决方法，并通过实践验证和完善这些方法。这种创新的过程培养了学生的创造性思维和创新能力，使他们能够更加独立地思考问题、寻找解决方案，并在实践中不断改进和创新。

通过实践活动培养学生的批判思维和创新能力，可以使他们具备独立思考、分析问题和解决问题的能力。这种能力不仅在学术上有所帮助，也在日常生活和未来职业发展中起着重要作用。同时，培养学生的批判思维和创新能力也符合当今社会对人才的需求，能够为学生的终身学习和发展打下坚实基础。

**二、实践育人对学生人文素养的塑造**

（一）实践育人培养学生的社会责任感和公民意识

实践活动是一种将理论知识应用于实际问题解决的过程，通过参与各种社会实践活动，学生能够切身体验社会问题和挑战，从而培养他们的社会责任感和公民意识。

实践活动可以让学生更加关注社会问题和社会责任。参与社区服务、环保活动等实践项目可以使学生深入了解社会的需要和问题，并通过自己的努力去解决或改善这些问题。在实践过程中，学生会意识到自己的社会责任，激发他们对社会进步和发展的关注。

实践活动有助于培养学生的公民意识。通过参与政治、法律、经济等领域的实践活动，学生可以了解到作为一个公民应该具备的权利与义务，同时学习到如何有效地参与社会事务并为社会发展贡献自己的力量。这样的实践体验可以加深学生对公民意识的理解和重视。

实践活动还可以培养学生的团队合作和领导能力，进一步强化他们的社会责任感和公民意识。在实践团队中，学生需要与不同背景、不同专业的人合作，共同解决问题或完成任务。这样的团队合作过程中，学生需要学会倾听他人意见、协商决策并推动团队目标的实现，这些经历都有助于培养他们的领导力和集体意识。

（二）实践育人促进学生的跨文化交流和合作能力

实践活动常常涉及跨文化的交流和合作，这可以培养学生的跨文化交流和合作能力。

实践活动可以让学生接触不同文化背景的人群，并在实践中与他们进行交流和合作。在多元文化的环境中，学生需要了解并尊重不同文化的差异，学会与他人进行有效的跨文化交流。这样的交流经历可以提高学生的跨文化沟通能力，培养他们在国际交流中的应变能力。

实践活动可以帮助学生理解和适应不同文化背景下的工作方式和合作模式。在跨国公司、国际组织或国际项目中，学生可能需要与来自不同国家和地区的人员合作。通过实践活动，学生可以熟悉不同文化之间的工作差异和合作方式，提高他们在跨文化合作中的灵活性和适应性。

实践活动还可以培养学生的文化敏感度和文化包容性。在跨文化的交流和合作中，学生需要学会欣赏和尊重不同文化的艺术、价值观、习俗等，避免因为文化差异而产生冲突或误解。通过实践活动，学生可以加深对不同文化的理解，提高他们的文化敏感度和包容性。

（三）实践育人培养学生的艺术欣赏和审美能力

实践活动可以让学生接触各种艺术形式，培养他们的艺术欣赏和审美能力。实践活动可以给学生提供与艺术作品接触的机会。参观艺术展览、音乐会、戏剧演出等实践活动，使学生有机会近距离观赏和体验各种艺术作品。通过观赏优秀的艺术作品，学生可以感受到艺术作品所传达的情感和思想，培养自己的艺术鉴赏能力。

实践活动可以让学生参与艺术创作的过程。例如，参加艺术工作坊、绘画班等实践项目，学生可以亲自参与艺术创作，体验艺术表达的过程，并通过实践不断提升自己的艺术技巧和表达能力。这样的实践经历可以激发学生对艺术创作的兴趣，培养他们的审美能力。

实践活动还可以引导学生深入了解艺术作品背后的文化背景和艺术理论。通过参与实践项目，如走进艺术家工作室、参观艺术研究机构等，学生可以与艺术家、专家学者进行交流，了解他们的创作思想和理念，从而拓宽自己的艺术视野，提高对艺术的理解和鉴赏能力。

实践活动还可以培养学生的艺术批判能力。通过参与艺术评析、评论撰写等实践项目，学生可以学习分析艺术作品的要素、风格和意义，培养自己对艺术作品的批判性思维和评价能力。这样的实践经历可以提高学生的审美品位，并让他们在面对各种艺术作品时能做出更加理性和独立的判断。

（四）实践育人传承和弘扬中华优秀传统文化

实践活动可以传承和弘扬中华优秀传统文化，培养学生对传统文化的热爱和认同。

实践活动可以让学生亲身体验中华优秀传统文化的魅力。通过参观古建筑、传统工艺展示、文化节庆活动等实践项目，学生可以身临其境地感受到中华优秀传统文化的独特之处。他们可以亲自参与传统戏曲、传统音乐、传统舞蹈等艺术表达形式，深入了解传统文化的内涵和精神，从而加深对中华优秀传统文化的热爱和认同。

实践活动可以引导学生主动参与中华优秀传统文化的传承和保护工作。例如，参与传统技艺的学习和传承，如国画、剪纸、茶艺等，可以让学生亲自感受到传统技艺的独特魅力，并将其传承下去。此外，组织学生参与文化遗产保护、非物质文化遗产传承等实践项目，可以提高学生对中华优秀传统文化的认同感和责任感，让他们成为中华优秀传统文化的有力传承者和保护者。

同时，实践活动还可以激发学生对中华优秀传统文化的研究和创新兴趣。通过参与文化研究、文化创意产品开发等实践项目，学生可以深入探索中华优秀传统文化的深层次内涵和表达方式，促进对传统文化的理解和发展。这样的实践经历可以培养学生的创新思维和创造力，并进一步推动中华优秀传统文化的传承与创新。

### 三、实践育人对学生社会责任感的培养

（一）实践育人培养学生的公益意识和关爱他人的能力

实践活动是培养学生公益意识和关爱他人能力的有效途径之一。通过参与公益活动，学生可以亲身接触到社会问题，了解弱势群体的需求，并通过实践行动来帮助他们。这种参与使学生从被动的接受者转变为积极的参与者，培养了他们的社会责任感和关爱他人的能力。

在公益活动中，学生可以通过志愿服务、捐款筹募、社区服务等多种形式参

与，帮助那些需要帮助的人群，比如贫困儿童、老年人、残障人士等。通过与这些人的接触和交流，学生能够深入了解他们的生活状况和需求，增强对弱势群体的关注和关爱。

在参与公益活动的过程中，学生还会面临各种挑战和困难，如资源不足、时间紧迫、团队协作等。这些困难和挑战需要学生积极应对和解决，培养他们的创新思维和解决问题的能力。同时，公益活动也鼓励学生主动发起行动、提出建议和改善方案，培养他们的领导能力和团队合作精神。

通过积极参与公益活动，学生可以不仅拓宽自己的视野，了解社会问题和需求，还能够培养出关爱他人的意识和习惯。这种关爱他人的能力在学生个人成长和未来社会角色中都起到重要的作用。关爱他人的能力使学生具备尊重他人、关心他人、帮助他人的品质，为他们的人际关系和社会交往打下良好基础。

（二）实践育人促进学生的环境保护意识和可持续发展观念

实践活动是培养学生环境保护意识和可持续发展观念的重要途径之一。通过参与环境保护实践，学生可以亲身感受到环境污染对人类生活和生态系统的影响，从而增强他们对环境问题的认识和重视程度。

在环境保护实践中，学生可以参与各类活动，如植树造林、垃圾分类、节能减排等。这些活动不仅可以改善环境质量，还可以培养学生的环境意识和环保习惯。学生通过亲身参与，了解到环境问题对人类社会和自然生态的影响，从而培养出保护环境的责任感和行动力。

实践活动鼓励学生主动思考和探索解决环境问题的方法和方案。学生在实践中需要收集信息、分析问题、制定计划，并通过实际行动来解决环境问题。这种锻炼培养了学生的创新思维和解决问题的能力，同时也提高了他们的团队协作和沟通能力。

实践活动还可以引导学生形成可持续发展的观念和行为习惯。学生通过实践了解到资源的有限性和环境的脆弱性，意识到只有在保护环境的前提下才能实现长期可持续发展。他们会开始思考如何在日常生活中减少能源消耗、合理利用资源、降低对环境造成的负面影响。

参与环境保护实践还可以培养学生的创新能力和实践能力。学生需要通过调查研究、分析问题、制定方案并实施，从而培养出解决问题的能力和创新思维。这种实践锻炼不仅可以提高学生的实践操作能力，还可以培养他们的自主学习和自我发展能力。

通过实践活动，学生可以深入了解环境问题，并通过实际行动来保护环境、促进可持续发展。这种经历使学生从被动的环境观察者转变为积极的环境参与者，培养了他们的环境保护意识和可持续发展观念。这些意识和观念将对学生的未来发展和社会责任产生积极的影响。

（三）实践育人引导学生关注社会公平和正义

实践活动可以让学生了解社会不公和不平等现象，并引导他们关注社会公平和正义。通过参与社会公益实践，学生可以认识到社会中存在的不平等问题，并通过实践行动来推动社会公平和正义。

在社会公益实践中，学生可以选择关注的领域和群体，如教育公平、儿童权益、性别平等等。他们可以通过志愿服务、宣传教育、政策倡导等方式参与其中，为改善社会不公和不平等现象做出贡献。

通过实践活动，学生可以深入了解社会问题的根源，从而培养出批判思维和问题意识。他们需要分析问题、提出解决方案，并与相关部门或组织合作推动变革。这种实践培养了学生的领导能力和团队合作精神，同时也增强了他们的社会责任感和推动变革的能力。

参与社会公益实践还可以培养学生的同理心和关爱他人的能力。通过与弱势群体的接触和交流，学生能够深切感受到他们面临的困境和挑战，从而增强对他人的关心和关爱。这种关爱他人的能力对学生的个人成长和未来社会角色发展具有重要的意义。

通过实践活动，学生将更加关注社会公平和正义问题，并通过实际行动来推动变革。这种关注和行动将影响他们的思维方式和价值观，引导他们成为关注社会问题、拥有公平正义观念的积极公民。

（四）实践育人培养学生的领导力和组织能力

实践活动是培养学生领导力和组织能力的有效途径。在实践活动中，学生通常需要承担一定的组织和领导角色，这可以锻炼他们的领导能力和组织能力。

　　参与实践活动可以让学生有机会担任团队的负责人或协调者角色，需要他们规划活动流程、安排任务分工、协调资源等。在这个过程中，学生需要发挥自己的领导潜能，协调团队合作，有效地完成任务目标。

　　实践活动还提供了一个培养学生组织能力的平台。学生需要学习如何制定并执行计划，合理分配时间和资源，以确保活动的顺利进行。同时，他们还要具备良好的沟通和协调能力，能够与团队成员进行有效的沟通和协作。

　　通过实践活动，学生还能够接触到不同的困难和挑战，比如资源不足、时间紧迫、团队成员之间的冲突等。面对这些问题，学生需要展现出解决问题的能力和应变能力，带领团队克服困难，实现既定目标。

　　参与实践活动不仅可以培养学生的领导力和组织能力，还能够促进他们的团队合作和沟通能力。学生在实践活动中需要与不同背景、不同能力的人合作，需要倾听和理解他人的意见和需求，共同协商解决问题。这种团队合作的经验对于学生个人成长和未来职业发展都具有重要意义。

　　通过实践活动的锻炼，学生可以提高自己的领导力和组织能力，培养出积极主动、责任心强的领导者品质。这种能力将对他们未来的学习、工作和社会角色扮演产生积极影响。

# 第三章 实践育人的着力点

## 第一节 实践育人的目标和原则

实践育人是指通过实践活动来培养学生的全面素质和能力，使其具备实际应用知识和解决问题的能力。

**一、实践育人的整体目标**

大学实践育人的整体目标主要包括培养学生的创新精神、实践能力、综合素质、兴趣动力、社会责任感等，使他们成为适应社会发展和行业需求的有能力的人才。具体包括以下四方面的目标。

第一，培养学生的创新精神和实践能力。

第二，促进学生的综合素质发展。

第三，激发学生的兴趣和动力。

第四，培养学生的团队合作和社会责任感。

**二、实践育人的核心原则**

应用型本科院校在实践育人层面要坚持四大核心原则：一是实用性原则；二是综合性原则；三是探究性原则；四是因材施教原则。具体如下。

（一）实用性原则

实践育人的核心原则之一是实用性原则。实践活动应当紧密结合实际需求，注重培养学生解决实际问题的能力，使学生所学知识和技能能够真正应用于实际中。

实用性原则是指通过实践活动培养学生的实际应用能力和解决问题的能力。在高校教育中，理论与实践是密不可分的，仅仅掌握理论知识是不够的，学生还需要通过实践活动运用所学知识和技能，解决实际问题。实践活动可以是实验、实地考察、社会实践等形式，通过这些活动，学生能够更加深入地理解和掌握所学知识，并将其应用于实际生活中。

实用性原则的核心是紧密结合实际需求。高校应当与社会、产业界、职业界密切合作，了解实际需求，将这些需求融入教学中，使学生在学习的过程中能够接触和解决真实的问题。通过实践活动，学生可以了解不同领域的实际需求，培养与之匹配的知识和技能，提高就业竞争力。

实用性原则的目的是培养学生实际应用的能力。高校应当注重培养学生解决实际问题的能力，提供让学生运用知识和技能解决实际问题的机会，如开展创新实验、组织社会实践等。通过这样的实践活动，学生可以将所学的知识和技能应用于实际中，培养创新思维和解决问题的能力。

（二）综合性原则

实践育人还应遵循综合性原则。综合性意味着将不同学科知识、不同技能相互融合，实现跨学科的整合。通过跨学科的实践活动，培养学生的综合素质和能力。

综合性原则是指在实践育人中，将不同学科的知识和技能相互融合，使学生能够综合运用这些知识和技能解决实际问题。在传统的学科教育中，学生往往只注重学习某个学科的知识和技能，缺乏对其他学科的了解和应用能力。然而，在实际生活和工作中，问题往往是综合性的，需要综合运用各个学科的知识和技能进行解决。

综合性原则的核心是跨学科的整合。高校应当创造条件，让学生在实践活动中接触到不同学科的知识和技能，培养学生的综合素质和能力。例如，可以通过开设跨学科的实践课程、组织跨学科的实验和项目等方式，让学生在实践中跨越学科的界限，运用多门学科的知识和技能解决问题。

综合性原则的目的是培养学生的综合素质和能力。高校应当注重培养学生的综合思维和综合能力，使学生具备多学科协作、综合分析和综合创新的能力。通过跨学科的实践活动，学生可以学会将不同学科的知识和技能有机地结合起来，形成综合性的解决方案。

（三）探究性原则

实践育人要注重探究性原则。学生在实践中应扮演主动者和探索者的角色，通过实践活动主动地获取知识，发现问题，解决问题，培养批判思考和自主学习的能力。

探究性原则是指在实践育人中，学生应扮演主动者和探索者的角色，通过实践活动主动地获取知识，发现问题，解决问题。传统的教育模式往往是教师传授知识，学生被动接受。然而，在实际生活和工作中，学生需要具备主动学习和自主解决问题的能力。

探究性原则的核心是学生的主动性和探索精神。高校应当为学生提供开展实践活动的机会，引导学生自主参与实践，通过实践活动主动地获取知识和经验。学生在实践中可以自己发现问题、思考解决方案，并通过实践验证去改进这些方案。通过这样的实践过程，学生能够培养批判思维和自主学习的能力。

探究性原则的目的是培养学生的批判思维和自主学习能力。高校应当注重培养学生的主动性和探索精神，鼓励学生在实践中勇于尝试、善于发现问题和寻找解决方案。通过实践活动，学生可以培养独立思考的能力，激发他们对知识的好奇心和求知欲望。

（四）因材施教原则

实践育人还应当根据学生的特点和需求，因材施教。每个学生的实践活动应该因人而异，根据学生个体差异和发展需求进行个性化的设计和指导。

因材施教原则是指在实践育人中，要根据学生的特点和需求制定适合他们的实践活动。每个学生都有不同的兴趣、能力和发展潜力，应该根据这些差异来设计和指导他们的实践活动。

因材施教原则的核心是个性化教育。高校应当充分了解学生的特点和需求，通过评估和分析，为每个学生制定个性化的实践计划和指导方案。这样可以提高学生的参与度和兴趣，促进他们全面发展。

因材施教原则的目的是培养学生的个性发展和综合素质。高校应当注重发掘和培养每个学生的优势和潜力，在实践活动中为他们提供适合的发展环境和资源。通过个性化的实践活动，学生可以更好地发展自己的特长、兴趣和才能，提升自身的综合素质。

### 三、实践育人的个性化原则

应用型本科院校在实践育人方面，需要尊重不同学生的个体差异，给予学生个性化的指导，并采取灵活多样的实践方式。具体阐述如下。

#### （一）充分尊重学生个体差异

实践育人的一个重要原则是充分尊重学生的个体差异。每个学生都具有不同的兴趣、特长和需求，他们在实践活动中的参与程度和方式也会不同。因此，教育机构应该根据学生的个体差异，提供个性化的实践育人方案。

教育机构可以通过调查问卷、个人访谈等方式了解学生的兴趣和特长，了解他们对实践活动的期望和需求。根据这些信息，可以为学生提供多样化的选择，让他们可以选择自己感兴趣的实践项目或活动。例如，对科学感兴趣的学生，可以给他们提供实验研究的机会；对社会问题关注的学生，可以给他们安排社会实践活动。这样的个性化选择可以激发学生的学习兴趣和积极性。

教育机构可以为学生提供专门的指导团队，由专业教师和指导员组成，负责为学生提供个性化的指导。指导团队可以根据学生的个体差异，制定个性化的学习计划和目标，帮助他们规划实践活动的过程和内容。同时，指导团队还可以提供针对性的培训和辅导，帮助学生克服难题和提高能力。通过个性化的指导，可以更好地满足学生的学习需求，促进他们全面发展。

教育机构应该建立一个积极支持和包容的学习环境，鼓励学生表达自己的想法和意见，尊重他们的个体差异。在实践活动中，学生可能会面临各种挑战和困难，教育机构可以提供必要的支持和帮助，让学生感受到关爱和支持。同时，教育机构也应该鼓励学生互相学习和合作，倡导团队精神和分享精神。这样的学习环境可以培养学生的合作能力和社交技巧，提高他们的综合素质。

#### （二）灵活多样的实践形式

实践育人应提供灵活多样的实践形式，以适应不同学生的学习风格和需求。通过多种形式的实践活动，可以让学生在不同的实践环境中获得全面发展。

教育机构可以组织实地考察活动，让学生亲身走进实践场景，感受真实的工作和生活环境。例如，对于学习地理的学生，可以组织地理实地考察，让他们目睹地貌变化和生态系统的状况，加深他们对地理学知识的理解和记忆。

实验研究是实践育人的重要形式之一。通过实验研究，学生可以进行观察、提出假设、设计实验和分析数据等，培养科学思维和实验技能。为了让学生有更多的实验机会，教育机构可以建立实验室和科研项目，提供必要的设备和资源，鼓励学生积极参与科学研究。

社会实践也是实践育人的重要形式之一。通过社会实践，学生可以了解社会问题和挑战，增强社会责任感和公民意识。教育机构可以与社区或社会组织合作，组织学生参与社会实践活动，例如参观社区机构、开展环保活动等，让学生亲身感受社会的变化和需求。

实习实训是培养学生实践能力和职业素养的重要途径。教育机构可以与相关行业或企业合作，给学生提供实习机会，让他们在真实的工作环境中学习和实践。实习实训期间，学生可以学习专业知识和技能，了解工作流程和要求，提高自己的职业素养和竞争力。

（三）个性化指导与评价

个性化指导与评价是实践育人中的重要环节。在实践活动中，教育机构应为学生提供个性化的指导和评价，以帮助他们克服困难、提高能力，发现并激发他们的潜能。

教育机构可以通过个人访谈、学习档案等方式了解学生的个人情况和发展需求，从而为他们提供个性化的指导。教师可以与学生进行交流，了解他们在实践活动中的困惑和挑战，根据学生的个体差异，给予相应的指导和建议。例如，对于学习困难的学生，教师可以为其提供更多的辅导和支持；对于进步较快的学生，教师可以提供更高难度的任务和挑战，以促进其成长。

评价也应该综合考虑学生的个体差异。传统的评价方式主要侧重于学生知识的掌握程度和能力的表现，但忽视了学生的个性特点和潜能。在实践育人中，评价应该注重发现和激发学生的潜能，关注学生在实践活动中的自主探究、创新思维和解决问题的能力。评价可以通过多种方式进行，如项目报告、作品展览等形式，让学生能够充分展示自己的实践成果和个人特长。

评价还应该具有指导性。评价结果应该为学生提供反馈和改进的方向，帮助他们认识自己的优势和不足，进一步提高自己的能力和素质。教师可以针对不同学生的评价结果，提供有针对性的建议和指导，指导他们制定个人发展计划，实现个人目标。

个性化指导与评价还需要与家长、社会资源进行有效对接。教育机构可以与家长保持密切的沟通，了解学生的家庭背景和家庭支持情况，以便为学生提供更加全面的个性化指导。同时，教育机构也应该与社会资源进行合作，积极开展校企合作、社区合作等，为学生提供更多的实践机会和资源支持，促进他们的全面发展。

**四、实践育人的社会需求导向**

实践育人是一种教育理念和教育方式，旨在通过让学生参与实践活动，培养他们的实践能力和综合素质。在实践育人过程中，有几项重要的原则需要遵循和实施，包括紧密结合产业和社会发展需求、服务社会和解决社会问题、推动创新与创业以及促进就业和职业发展。

（一）紧密结合产业和社会发展需求

实践育人应紧密结合产业和社会发展需求，培养适应社会发展的人才。高校应当与相关产业、企业建立良好的合作关系，开展产学研合作项目，为学生提供实践机会。学生通过参与实践活动，了解产业和社会的需求，了解最新的技术和行业动态。他们可以通过实践活动，学习并应用相关知识和技能，提前培养适应社会发展的能力和素质。

为了实现紧密结合产业和社会发展需求的目标，高校应该与产业界紧密联系，了解产业的需求和趋势。高校可以组织学生参观企业、工厂，与企业进行交流和合作，开展实践项目。通过与企业合作，学生可以接触到真实的工作环境，了解实际操作和应用情况，提高自己的专业能力。

（二）服务社会和解决社会问题

实践育人应培养学生的社会责任感，鼓励他们通过实践活动为社会做出贡献，并解决社会问题。高校可以组织学生参与志愿服务、社区实践等活动，让他们深入了解社会问题，思考解决方案，并通过实际行动来解决这些问题。

通过参与社会服务和解决社会问题的实践活动，学生可以增强自己的社会意识和社会责任感，锻炼解决问题的能力。他们可以通过调研、访问、实地调查等方式了解社会问题的真实情况，并提出相应的解决方案。高校可以为学生提供必要的指导和支持，在实践过程中引导他们反思、总结经验，不断完善解决方案，提高解决问题的能力。

（三）推动创新与创业

实践育人应积极推动创新与创业，培养学生的创新精神和创业能力。创新与创业是社会发展的重要动力，高校应该为学生提供创新和创业的平台和机会。

高校可以组织学生参加科技创新、创业实践等活动，鼓励他们提出新的想法和方案，通过实践验证和改进这些想法和方案。高校可以与创业孵化器、科技企业等建立合作关系，为学生提供资源和支持，帮助他们将创新成果转化为实际的商业价值。

在创新和创业的过程中，学生可以学习并应用相关的知识和技能，培养自己的创新思维和实践能力。高校可以为学生提供必要的培训和指导，帮助他们了解创新和创业的基本知识和方法，提高创新和创业的成功率。

（四）促进就业和职业发展

实践育人应关注就业和职业发展，帮助学生提升就业竞争力和职业素养。高校应该与企业建立良好的合作关系，了解企业对人才的需求和要求。

高校可以组织职业指导和就业培训，帮助学生了解就业市场的动态和趋势，提高求职技能和就业能力。高校可以邀请企业的代表来校进行招聘和宣讲，提供实习和就业机会。

通过参与实践活动，学生可以获得实际工作经验，了解不同行业的要求，并培养与职业相关的技能和能力。高校可以为学生提供必要的指导和支持，帮助他们准备好职业规划、简历撰写、面试技巧等方面的知识和技能。

**五、实践育人的可持续发展原则**

（一）全面发展与长远目标

实践育人的核心目标之一是培养学生的全面发展，使他们具备综合素质和能力。全面发展涵盖了知识、技能、态度和价值观等方面的培养，旨在为学生的长远发展打下坚实基础。

在实践育人中，高校和教师应该关注学生的全面发展，而非片面追求短期成果。这意味着不仅要注重学生的学科知识和专业技能培养，还要关注他们的创新思维、沟通能力、团队合作精神、领导才能等综合素质的培养。例如，在实践活动中，学生可以通过小组合作完成项目，锻炼他们的团队合作能力和沟通协调能力；同时，学生也应该有机会担任项目负责人或团队领导，培养他们的领导才能和决策能力。

全面发展还包括学生的人文素养和社会责任感的培养。学生应该具备良好的道德品质和价值观，具备正确的社会伦理和职业道德，具备积极向上、独立思考、批判性思维等人文素养。例如，在实践活动中，学生可以参与社区服务或志愿者活动，培养他们的社会责任感和公民意识；同时，学生也应该有机会进行社会调研或实践项目，拓宽他们对社会问题和挑战的认知。

（二）持续学习与自主发展

实践育人应鼓励学生持续学习和自主发展，使他们具备终身学习的能力和习惯。随着社会的快速变化和知识的更新换代，学生需要具备持续学习的意识和能力，以适应未来的挑战和变化。

在实践育人中，高校和教师应该鼓励学生持续学习，不仅要注重知识的传授，还要培养学生的学习能力和学习方法。学生需要学会自主学习，包括目标设定、信息获取、问题解决、反思总结等方面的能力。例如，在实践活动中，教师可以引导学生制订学习计划，明确学习目标和步骤；同时，学生也应该学会利用各种资源和工具进行信息获取和研究，培养他们的自主学习能力。

学生还应该在实践中进行有效的反思和总结，及时调整学习策略和方法。通过反思，学生可以深入思考和分析实践经验，发现问题和不足之处，并提出改进和进步的方向。例如，在实践项目中，学生可以定期进行小组讨论或个人反思报告，总结自己的经验和教训，分析项目的成功因素和改进空间。

持续学习也需要高校和教师提供必要的支持和资源。高校应建立完善的图书馆、实验室、网络平台等学习环境，为学生提供丰富的学习资源；教师则应成为学生学习的指导者和榜样，通过教学和辅导等方式引导学生进行持续学习和自主发展。同时，高校还可以鼓励学生参加学术研究、竞赛、实践项目等活动，提供更多的机会和平台，促进学生的学术和职业发展。

（三）合理资源配置与可持续发展

实践育人需要合理配置资源，以确保实践活动的顺利进行和可持续发展。资源的合理配置涉及场地、设备、师资等方面的考虑，旨在为学生提供良好的实践环境和条件，促进他们的实践能力和综合素质的培养。

合理配置实践场地是实践育人的基础。不同学科和专业的实践需求各不相同，因此高校应针对不同的实践活动提供适宜的场地。例如，对于生物学专业，高校可以配置生物实验室和温室；对于艺术设计专业，高校可以配置艺术工作室和展览空间。合理配置实践场地可以为学生提供真实的实践环境，增强其实际操作能力和创新能力。

合理配置实践设备是实践育人的关键。不同实践活动对设备的需求也不同，高校应根据实践内容和学生人数合理配置实践设备。例如，在化学实验中，高校应提供必要的实验仪器、试剂和安全设施；在计算机编程实践中，高校应提供充足的计算机设备和开发工具。合理配置实践设备可以保证学生顺利进行实践活动，提高他们的实践操作能力和创新能力。

合理配置师资是实践育人的重要保障。教师是实践活动的组织者和指导者，他们的专业素养和实践经验对学生的实践效果和发展至关重要。高校应注重师资队伍建设，提供专业素质高、实践经验丰富的教师资源。同时，高校还可以鼓励教师参与实践项目和行业研究，提升其实践能力和教学水平。合理配置师资可以保证学生在实践活动中得到有效的指导和支持，提高他们的实践能力和综合素质。

合理配置资源还需要考虑可持续发展的因素。高校和教师应合理规划和管理资源，确保资源的充分利用和长期可持续使用。例如，通过制定实践场地的使用规范和安全管理制度，保护实践设备的正常运行和维护，提高资源的使用效率和可持续性。

（四）推动教育改革与创新

实践育人应积极推动教育改革与创新，不断调整教学方式和教育内容，以适应社会发展的需求。随着社会的快速变化和知识的更新换代，传统的教学模式和教育方法已经无法满足学生的需求，需要进行改革和创新。

在实践育人中，高校和教师可以探索创新的教学模式和教育方法，结合实践活动进行教学。例如，采用项目驱动的教学模式，通过实践项目来引导学生学习和解决问题；采用案例教学的方法，将实际案例引入课堂，培养学生的分析和解决问题的能力。通过创新的教学模式和方法，可以激发学生的学习兴趣和主动性，提高他们的学习效果和实践能力。

教育改革还包括教育内容的更新和调整。高校和教师应及时调整课程设置和教材选择，将实践内容融入课堂教学中。例如，在理工科课程中，可以增加实验教学的比重，强调实践操作和实验设计；在社会科学课程中，可以增加案例分析和实地考察，引导学生深入了解社会现象和问题。通过更新教育内容，高校和教师可以更好地满足学生的实践需求，提高他们的实践能力和综合素质。

# 第二节　实践育人的重点领域和内容

实践育人是一种重要的教育理念，旨在通过各种实践活动帮助学生培养实践能力、创新能力和社会责任感，提高综合素质。

## 一、实践育人的学科专业实践

### （一）学科竞赛实践

学科竞赛是提升学生知识运用和解决问题能力的重要途径。高校可以鼓励学生积极参加各类学科竞赛，如数学竞赛、物理竞赛、化学竞赛等。通过参与竞赛，学生可以巩固和拓展学科知识，培养分析和解决问题的能力。

数学竞赛可以帮助学生深入理解数学知识，并培养他们的逻辑思维和推理能力。在竞赛中，学生需要应用所学的数学知识，解决复杂的数学问题。这不仅有助于加深对数学的理解，还能提高学生的运算能力和思维灵活性。

物理竞赛可以帮助学生将物理理论应用于实际问题的解决中。通过竞赛，学生可以加深对物理原理的理解，培养实验设计和数据处理的能力。此外，物理竞赛还能激发学生对科学的兴趣，培养他们的科学精神和创新意识。

化学竞赛可以帮助学生加深对化学知识的理解和掌握。通过竞赛，学生可以学习到更多的化学实验技巧，并培养科学观察和数据分析的能力。此外，化学竞赛还可以帮助学生了解到化学在现实生活中的应用，提高他们的科学素养。

通过参加学科竞赛，学生不仅可以在与其他学生的比拼中锻炼自己的能力，也可以从竞赛中获得成就感和自信心。高校可以积极组织和支持学生参加竞赛，为他们提供必要的指导和培训，以充分发挥学科竞赛在学生成长中的作用。

（二）科研实践

科研实践是培养学生创新能力和科学精神的重要途径。高校可以组织学生参与科研项目，如科研论文撰写、实验设计和数据分析等。通过科研实践，学生可以培养科学思维和科学方法论，提高解决实际问题的能力。

科研论文撰写是科研实践的重要环节之一。学生可以选择感兴趣的课题进行深入研究，并将研究成果撰写成科研论文。在论文撰写过程中，学生需要进行文献调研、数据分析和实验设计等工作，培养他们的科学思考和科研能力。

实验设计是科研实践的关键环节之一。学生可以选择适合自己研究课题的实验方法，并设计实验步骤和参数设置。通过实验设计和实际操作，学生可以学习到实验技巧和数据处理的方法，提高他们的实验能力和创新能力。

数据分析是科研实践中不可或缺的一部分。学生需要对实验结果进行统计分析和图表展示，从而得出科学结论。通过数据分析，学生可以培养自己的数据处理和解读能力，同时也可以培养他们对科学方法的理解和应用。

（三）实习实践

实习实践是学生将所学理论知识应用于实际工作中的重要机会。高校可以与相关企事业单位合作，为学生提供实习机会。通过实习实践，学生可以了解和适应真实工作环境，培养职业素养和实际操作能力。具体而言，实习实践可以包括以下内容。

1.实践机会

高校与企事业单位建立合作关系，为学生提供实习机会。这些实习机会可以是暑期实习、寒假实习或长期实习，让学生有机会亲身体验真实的工作场景。

2.职业素养培养

在实习过程中，学生可以接触到各种职场环境和工作规范，学习如何与同事合作、与上级沟通以及处理工作中的挑战。同时，实习也能够培养学生的职业道德、责任感和团队合作精神。

3. 实际操作能力培养

实习使学生有机会将所学的理论知识应用于实际问题的解决中。他们可以亲自参与工作项目，进行实际操作，并从中学习和积累相关经验。这有助于提高学生的实际操作能力和问题解决能力。

4. 职业规划与发展

通过实习实践，学生可以更好地了解自己的兴趣和能力，并对未来职业发展方向有所规划。实习经历可以为学生的简历增加亮点，提升就业竞争力。

（四）论文写作实践

论文写作实践是培养学生科学研究和表达能力的关键环节。高校可以要求学生在毕业论文或科研项目中进行写作实践。通过论文写作实践，学生可以系统整理和表达自己的研究成果，提高学术写作和沟通能力。

具体而言，论文写作实践可以包括以下内容。

表 4-1 论文写作实践内容概要

| 论文写作实践内容概要 | |
|---|---|
| 选题与文献调研 | 学生需要选择一个合适的研究课题，并进行相关文献调研，了解已有研究成果和理论基础。选题与文献调研阶段的工作有助于学生对研究领域有更全面的了解 |
| 研究设计与实施 | 在论文写作实践中，学生需要设计具体的研究方案和实施步骤。他们要确定研究目的、采集数据的方法和样本、分析数据的方法等，并按计划实施 |
| 数据分析与结论总结 | 学生需要对收集到的数据进行统计分析和结果解读，并得出科学结论。这个阶段要求学生熟练掌握相关统计软件和数据处理方法，以及科学地总结研究结果 |
| 学术写作与表达能力培养 | 在论文写作实践中，学生需要将研究成果进行系统整理和写作。他们要遵循学术规范，包括论文结构、格式、引用规范等，并通过文字清晰地表达自己的观点和研究发现。这有助于培养学生的学术写作和表达能力 |
| 学术交流与评审经验积累 | 部分论文可能需要进行学术交流或参与评审。学生可以通过学术会议、期刊投稿等方式，与其他研究者进行交流和互动，获得反馈和建议，进一步提高自己的学术研究能力 |

通过论文写作实践，学生不仅可以深入研究某一领域的问题，还可以锻炼科

学思维和表达能力。高校应当提供相应的指导和支持，为学生提供论文写作的培训和资源，帮助他们顺利完成论文写作任务，并为未来的学术研究或职业发展打下坚实基础。

（五）实验实践

实验实践是培养学生实验设计和数据处理能力的重要途径。高校可以设计各种实验活动，让学生亲自动手进行实验操作，并进行数据分析和结论总结。通过实验实践，学生可以加深对理论知识的理解和掌握，并培养实验技能和科学思维。具体而言，实验实践可以包括以下内容。

1.实验设计与准备

学生需要根据实验目的和研究问题，设计实验方案并准备所需材料和设备。他们要确定实验步骤、参数设置以及数据采集方法等，确保实验的可行性和准确性。

2.实验操作与数据采集

学生通过亲自进行实验操作，按照实验方案进行样本处理、试剂配制、仪器操作等。他们要严格遵守实验安全规范，准确记录实验过程和数据，确保实验结果的可靠性。

3.数据处理与结果分析

学生需要对实验采集到的数据进行统计分析和结果解读。他们可以使用统计软件或其他工具，对数据进行处理和图表展示，得出科学结论。这有助于培养学生的数据处理和结果分析能力。

4.实验报告与总结

学生需要根据实验结果撰写实验报告，包括引言、方法、结果和讨论等部分。他们应该遵循科学写作规范，清晰地描述实验过程和结果，分析实验数据并得出结论。这有助于培养学生的科学写作能力和沟通表达能力。

通过实验实践，学生可以将理论知识应用于实际操作中，加深对知识的理解和掌握，并培养实验技能和科学思维。高校应当提供相应的实验设备和指导，为学生提供实验实践的机会，帮助他们全面发展并为未来的科学研究或职业发展奠定基础。

## 二、实践育人的创新创业实践

### （一）创业实践

高校可以通过组织创业课程和创业活动，引导学生开展创业项目，并提供相关支持和指导。

在创业实践中，学生可以学习到如何进行市场调研，了解消费者需求和竞争情况，从而确定创业项目的方向和目标。同时，学生也需要学会制定商业计划书，包括市场分析、营销策略、财务预测等，以确保创业项目的可行性和可持续发展性。

在实施创业项目的过程中，学生需要具备创新思维和团队合作能力。他们需要不断地寻找创新点和突破口，以区别于竞争对手。同时，创业往往需要多个人共同合作，学生需要学会有效地与团队成员合作，协调各方资源，实现项目目标。

创业实践还需要学生掌握创业过程中的管理和经营技巧。学生需要学习如何进行财务管理，包括资金筹集、成本控制、收支预测等。他们还需要学会人力资源管理，招聘和培训团队成员，激发团队的创造力和积极性。此外，学生还需要了解法律法规和知识产权保护等方面的知识，确保创业过程的合法性和可持续发展。

通过创业实践，学生可以在真实的创业环境中进行学习和实践，锻炼自己的创新思维和团队合作能力，掌握创业过程中的管理和经营技巧。这对于将来他们自己创业或者进入创业型企业工作都具有重要的意义。

### （二）创新设计实践

高校可以组织创新设计竞赛和项目，鼓励学生进行创新设计实践。

在创新设计实践中，学生可以锻炼问题解决和创造性思维能力。他们需要从市场需求和用户需求出发，提出创新的设计理念和解决方案。通过不断地进行设计迭代和改进，他们可以将设计理念转化为具体的产品或服务，并最终满足用户的需求。

创新设计实践还需要学生具备设计实施和团队协作能力。学生需要学会使用各种设计工具和软件，进行产品原型设计和模型制作。同时，他们还需要与团队成员合作，共同完成设计任务，确保设计的高质量和高效率。

通过创新设计实践，学生可以不断提升自己的创造力和设计能力，培养解决问题和创新思维的能力，提高设计实施和团队协作能力。这对于将来从事设计相关领域的工作或者创办自己的设计公司都具有重要的意义。

（三）创意思维培养

高校可以组织创意思维训练和活动，引导学生进行创意生成和创意应用。

在创意思维培养中，学生可以拓宽思维边界，激发创新灵感。通过学习和掌握创意思维的方法和技巧，学生可以突破传统思维的限制，培养提出新观点和新想法的能力。创意思维培养还需要学生学会运用创意解决实际问题，将创意转化为切实可行的行动计划。

创意思维培养也需要学生具备团队合作能力。在创意生成和应用过程中，学生需要与他人进行合作，共同激发创新灵感，并将创意转化为实际行动。通过团队的协作和互动，学生可以不断交流和碰撞出更多的创意，进一步提高创新能力。

通过创意思维培养，学生可以开拓思维边界，激发创新灵感，并运用创意解决实际问题。这对于将来从事创新型工作或者研发新产品都具有重要的意义。

（四）科技成果转化

高校可以与相关科研机构和企事业单位合作，推动科技成果的转化和应用。

在科技成果转化实践中，学生可以了解科技创新与产业发展的关系。他们可以了解科技成果的商业化路径和市场需求，学习如何将科技创新转化为具体可行的产品或服务。学生可以参与科技成果的市场调研和商业化策划，了解市场需求和竞争情况，进而确定科技成果的应用方向和目标群体。

科技成果转化实践还需要学生培养技术转化和商业化能力。学生需要学习技术评估和商业模式创新，了解科技成果的商业潜力和可行性。他们还需要学会制定营销策略和推广计划，将科技成果有效地推向市场，并实现商业化的成功。

通过科技成果转化实践，学生可以了解科技创新与产业发展的关系，学习如何将科技成果应用于实际生产和社会服务。这对于将来从事科技创新、技术转化或者创办自己的科技企业都具有重要的意义。

（五）创业投资实践

高校可以组织创业投资比赛和模拟投资项目，让学生模拟进行投资操作和风险评估。

在创业投资实践中，学生可以了解投资市场和风险管理。他们需要学习如何进行投资决策，包括投资机会的评估、风险和回报的权衡等。通过模拟投资项目，学生可以学会如何分散投资风险、构建投资组合，并学习投资策略和技巧。

创业投资实践还需要学生培养理财意识和判断能力。他们需要了解投资市场的基本知识，学会分析和预测金融市场的走势，以做出明智的投资决策。同时，学生还需要学习风险管理和资产配置等方面的知识，确保投资的安全性和可持续性。

通过创业投资实践，学生可以了解投资市场和风险管理，培养风险投资和投资决策能力，增强理财意识和判断能力。这对于将来从事投资领域的工作或者进行个人财务规划都具有重要的意义。

### 三、实践育人的社会服务实践

（一）公益志愿者活动

公益志愿者活动是培养学生社会责任感和大局意识的重要途径。高校可以组织学生参与各类公益志愿者服务，如环境保护、扶贫助学、社区服务等。通过公益志愿者活动，学生可以亲身参与社会问题的解决，体验公益事业的意义，同时也能够提升他们的团队合作能力和社交能力。

在环境保护方面的公益志愿者活动中，学生可以参与各种环境整治、植树造林、垃圾分类等活动。例如，学生可以参与城市清洁日的组织和执行，帮助清理垃圾、修剪植物，推广环保知识等。通过这样的公益志愿者活动，学生能够认识到环境保护的重要性，培养环保意识，并且能够锻炼自己的团队合作能力和责任感。

在扶贫助学方面的公益志愿者活动中，学生可以志愿帮助贫困地区的学生，提供教育、文化和生活上的支持。例如，学生可以组织募捐活动，为贫困地区的学生提供学习用品、图书和衣物等物资援助，也可以开展支教活动，帮助他们提升学习能力和生活水平。通过这样的公益志愿者活动，学生能够感受到扶贫助学的意义，培养同理心与关爱之心，并且能够发展自己的沟通与交往能力。

在社区服务方面的公益志愿者活动中，学生可以参与各种社区建设、文化活动和社区服务。例如，学生可以为社区居民提供法律咨询、健康检查、儿童托管等服务，也可以参与组织社区文艺演出、体育赛事等活动。通过这样的公益志愿者活动，学生能够了解社区的需求，培养社区意识和责任感，并且能够提高自己的组织与管理能力。

（二）社区服务实践

高校可以鼓励学生参与社区服务活动，如社区文化活动、社区环境整治等。通过社区服务实践，学生可以了解社区的发展需求，积极参与社区建设，培养社会责任感和团队合作能力。

在社区文化活动方面的实践中，学生可以参与各类文化节庆、艺术展览和体育比赛等。例如，学生可以组织青年文化节活动，策划并执行社区的文艺演出、赛事比拼等，为社区居民提供文化娱乐服务。通过这样的实践，学生能够促进社区文化的繁荣发展，培养自己的组织与策划能力，同时也能提高团队合作和沟通能力。

在社区环境整治方面的实践中，学生可以参与社区环境清理、绿化美化等活动。例如，学生可以参与社区的垃圾分类与清理工作，进行废品回收与利用，推动环境保护意识的普及与树立。通过这样的实践，学生能够改善社区环境质量，加深对环境保护的认识，培养自己的环保意识和责任感，同时也能锻炼团队合作和问题解决能力。

（三）公共事务参与

高校可以促使学生积极参与公共事务，并组织相关实践活动。例如，学生可以参与高校的学生自治组织、学生会或社团组织，参与高校决策和管理，锻炼领导力和组织能力。

在学生自治组织方面的参与中，学生可以参与学生会、班委会等组织的选举和运作。例如，学生可以参与候选人竞选、组织活动策划与执行等工作。通过这样的参与，学生能够体验到组织与管理的过程，锻炼自己的领导力和协作能力，提高解决问题和决策能力。

在学生会活动方面的参与中，学生可以参与各种校园文化活动的策划与执行。例如，学生可以组织开展文艺晚会、校园演讲比赛、社会实践活动等，为全体学生提供丰富多彩的课外生活。通过这样的参与，学生能够培养自己的组织与策划能力，提高团队合作和沟通能力，同时也能锻炼解决问题和协调资源的能力。

在社团组织方面的参与中，学生可以选择自己感兴趣的社团，并积极参与社团的活动与管理。例如，学生可以成立科技创新社团，进行科学实验与研究，参加科技竞赛等。通过这样的参与，学生能够发挥自己的兴趣与特长，培养自己的专业知识与技能，同时也能提高团队合作和协作能力。

（四）社会调研与社会问题解决

高校可以引导学生开展社会调研，并帮助他们理解社会问题的本质和背后的原因。学生可以通过设计和实施社会调研项目，提出解决方案，积极参与社会问题的解决过程，培养分析问题和解决问题的能力。

在社会调研方面，学生可以选择自己感兴趣的社会问题进行深入研究。例如，学生可以选择城市交通拥堵问题，进行实地调研、数据收集和分析，了解造成交通拥堵的原因和影响。通过这样的调研，学生能够培养自己的调查与研究能力，提高问题分析和解决的能力。

在社会问题解决方面，学生可以根据自己的调研结果，提出相应的解决方案，并积极参与解决过程。例如，学生可以团队合作，提出改善交通拥堵的措施，推动相关政策的制定和实施。通过这样的实践，学生能够锻炼自己的问题解决能力，提高团队合作和沟通能力，并且培养自己的社会责任感。

四、实践育人的文化艺术实践

（一）艺术创作实践

高校可以通过组织艺术创作实践来培养学生的创造力和艺术表达能力。艺术创作实践可以包括绘画、音乐创作、舞蹈编排等形式。学生可以通过参与艺术创作实践，表达自己的情感和思想，培养审美能力和艺术修养。

在绘画方面，学生可以参与绘画班或者绘画社团，学习绘画技巧和表现形式。他们可以通过实践绘画作品，发展自己独特的艺术风格，并展示自己的创意和想象力。

音乐创作方面，学生可以学习乐器演奏和音乐理论知识，通过创作音乐作品来表达自己的情感和思考。他们可以参与校内的音乐团队或者自行组织音乐表演，展示自己的音乐才华和创作能力。

舞蹈编排方面，学生可以参与舞蹈班或者舞蹈团队，学习舞蹈技巧和编排方法。他们可以通过编排自己的舞蹈作品，展示自己的舞蹈才华和创造力。

通过艺术创作实践，学生可以锻炼自己的观察力、想象力和创作能力。他们可以学会从生活中汲取艺术灵感，运用各种艺术形式来表达自己的情感和思想，并通过作品与观众进行交流和沟通。艺术创作实践不仅可以培养学生的艺术修养，还可以提高他们的创造力、想象力和审美能力，对于培养学生的综合素质和创新能力具有重要意义。

（二）文艺演出与展览

高校可以组织各种文艺演出和艺术展览，为学生提供展示才华的平台。这些演出包括音乐会、舞蹈表演、话剧演出等，艺术展览包括绘画展、摄影展、雕塑展等。通过参与文艺演出与展览，学生可以锻炼自己的表演能力和艺术修养，提高公众演讲和展示技巧。

在文艺演出方面，学生可以参与校内的文艺团队或者自行组织演出活动。他们可以在音乐会上展示自己的音乐才华，在舞台剧中演绎角色，在舞蹈表演中展示自己的舞蹈技巧和艺术感染力。通过演出，学生可以锻炼自己的表演能力、舞台表现力和团队合作能力，提升自信心和人际交往能力。

在艺术展览方面，学生可以参与组织策划和搭建展览，展示自己的艺术作品。他们可以通过绘画、摄影、雕塑等形式来表达自己的艺术创作，展示自己的艺术风格和创意思维。通过展览，学生可以学会如何组织策划艺术展，如何设计展览布局和展示方式，提升自己的艺术鉴赏能力和展示技巧。

通过文艺演出与展览，学生可以展示自己的才华和成果，获得来自观众的认可和肯定，增强自信心和自我价值感。同时，他们还可以从观众的反馈中得到启发和改进，不断提高自己的艺术水平和创作能力。文艺演出与展览不仅可以培养学生的艺术修养和表演能力，还可以提高他们的公众演讲和展示技巧，对于培养学生的综合素质和社交能力具有重要意义。

（三）文化活动策划与组织

高校可以鼓励学生参与文化活动的策划与组织工作。这些文化活动包括文化节、艺术展览、讲座演讲等。通过参与文化活动的策划与组织，学生可以培养团队合作、组织管理和创意策划能力。

在文化节方面，学生可以参与组织策划和执行文化节活动。他们需要进行活动主题的确定、活动内容的设计和安排，以及活动执行的组织和协调。通过参与文化节的策划与组织，学生可以锻炼自己的组织管理能力、团队合作能力和创意思维。

在艺术展览方面，学生可以参与艺术展览的组织和策划。他们需要负责展览的主题选择、艺术作品的征集与评审、展览空间的布置和宣传等方面的工作。通过参与艺术展览的策划与组织，学生可以学习艺术品鉴赏和展览策划的知识，提高自己的艺术修养和组织能力。

在讲座演讲方面，学生可以参与组织讲座演讲活动。他们需要邀请演讲嘉宾、制定讲座主题和内容，组织演讲场地和宣传等工作。通过参与讲座演讲的策划与组织，学生可以提高自己的公众演讲能力、组织协调能力和人际交往能力。

通过文化活动策划与组织，学生可以学习如何与他人合作，培养团队意识和组织管理能力。他们需要学会有效分配任务、协调团队成员之间的合作关系，处理活动中的问题和挑战。同时，他们还需要具备创意思维和策划能力，能够根据活动的目标和受众需求，设计出具有吸引力和影响力的文化活动。

（四）文化交流与合作

高校可以组织学生参与国内外的文化交流与合作活动，如学术交流、文化交流访问等。通过文化交流与合作，学生可以拓宽眼界、提升跨文化交流能力，提高国际视野和文化素养。

在学术交流方面，高校可以组织学生参加学术研讨会、学术论坛等活动，与其他高校的学生进行学术交流和合作研究。学生可以交流学习最新的研究成果，分享自己的研究成果，并与其他学生进行深入的学术探讨。通过学术交流，学生可以拓宽学术视野，提高学术研究能力和创新思维。

在文化交流访问方面，高校可以组织学生参加国内外的文化交流活动。学生可以到其他地区或者国家去参观学习，了解不同地域和文化的差异与特点。他们可以与当地学生进行交流，了解彼此的文化背景和生活方式，提升跨文化交流能力和友谊。通过文化交流访问，学生可以开阔眼界，增长见识，丰富自己的人生经历和文化素养。

文化交流与合作不仅可以帮助学生了解和尊重不同的文化，还可以培养学生的国际视野和跨文化交流能力。在全球化的时代背景下，具备国际视野和跨文化交流能力的人才更加受到社会的重视。因此，通过组织学生参与文化交流与合作活动，高校可以培养具有国际竞争力和全球意识的人才，为学生的综合素质发展和未来的职业发展奠定坚实基础。

# 第四章 社会实践育人范畴探索

## 第一节 社会实践育人的四大典型模式

### 一、社会服务模式

（一）社会服务实践的概念

应用型本科院校注重学生的社会服务实践能力培养。所谓社会服务实践，即学生自愿参与社会活动，为社区、组织或个人提供无偿的服务和帮助。它旨在回馈社会、提高公益意识和社会责任感。在社会服务实践中，学生可以选择各种形式的服务，如环境保护、教育支持、社区发展、健康关怀、失业者帮助等。通过参与这些活动，他们能够亲身体验社会问题和需求，并为他人提供实际支持和帮助。

（二）社会服务实践的典型形式

大学生参与社会服务可以采取多种具体形式，以下是一些常见的形式。

1.教育支持

大学生可以参与到教育项目中，为贫困地区的学生提供辅导和教育支持。他们可以开设志愿者教学班、组织学习辅导活动，帮助学生提高学业成绩和综合素质。通过与学生们交流和互动，大学生不仅可以传授知识，还可以激发他们的学习兴趣和潜能。

2.社区服务

大学生可以参与社区发展项目，如开展环境保护活动、组织社区清洁行动、修缮社区设施等。他们可以与居民一起合作，改善社区环境和居住条件。这不仅能提高社区居民的生活质量，同时也增强了他们对自己社区的归属感和责任感。

3.健康关怀

大学生可以进入医疗机构、养老院或社区健康中心等场所，为病人、老人或弱势群体提供陪伴和照顾。他们可以参与健康宣传活动、开设健康讲座，提高公众的健康意识和生活质量。通过关爱他人的身心健康，大学生能够传递出人文关怀和社会责任的价值观。

4.帮助失业者

大学生可以参与失业者的培训和职业指导，帮助他们提升就业技能和求职竞争力。他们可以组织就业咨询会、开设职业技能培训班，为失业者提供实用的求职建议和培训机会。通过这些服务，大学生能够帮助失业者重拾自信，找到适合自己的就业机会，实现自身的人生价值。

5.参加志愿者活动

大学生可以加入志愿者组织，参与志愿服务项目。他们可以担任志愿者领导职务，组织志愿者活动，向社会传递公益价值观，并鼓励更多的人参与到社会服务中。志愿者组织能够提供一个团结合作的平台，使大学生们能够彼此激励，共同为社会福祉做出贡献。

（二）社会服务实践的目标

应用型本科院校组织的社会服务实践活动，其目标是多元化的。首先，它有助于提高学生的社会意识和责任感，培养他们关心他人和社会的价值观。其次，社会服务实践可以帮助学生培养各种技能，如团队合作、领导能力和沟通能力，这些都对未来职业发展至关重要。最后，社会服务实践还有助于建立学生与社区、组织和他人之间的积极联系和互动，推动社会的发展和进步。

总而言之，社会服务实践是一项积极有意义的活动。通过参与其中，学生不仅可以为他人和社会做出贡献，而且可以在个人成长和发展方面获得宝贵经验。这种实践不仅对学生本人有益，也对社区和整个社会产生积极影响。

**二、社会调研模式**

（一）大学生社会调研模式的概念

社会调研是应用型本科院校学生社会实践的重要模式之一，所谓社会调研模式，即学生组成小组开展深入的社区调研，通过问卷调查、访谈等方式了解居民的需求和关注点，并提出相关建议和解决方案。这样的调研活动培养学生的问题分析和解决能力，帮助他们了解社区发展的现状和问题。

（二）大学生社会调研模式基本步骤

1.确定调研目标和范围

在开展社会调研之前，需要明确调研的目标和范围。确定要调研的问题和调研的人群，明确调研的目的和意义。

调研目标可以分为两个方面：一是明确具体的调研问题，即希望通过调研解决的问题或获取的信息；二是明确调研的人群，即调研的对象是谁。

在确定调研问题方面，应该考虑到实际需求，避免一刀切的统一调研问题，而是针对不同的需求制定不同的问题。例如，如果要了解某社区居民对政府提出的新政策的态度，可以问："您对政府最近提出的新政策有何看法？是否支持？"等。

在确定调研人群方面，应该根据具体的情况明确调研的对象是谁。例如，如果要了解某产品的消费者满意度，那么调研的对象就是使用该产品的消费者群体。

明确调研的目的和意义也是非常重要的。调研的目的可以是为了了解某一领域的现状、发展趋势、问题等，以便为决策提供参考；调研的意义可以是为了改进工作、优化资源配置、解决问题等。

2.采集数据和信息

按照制定好的调研计划，开始采集相关的数据和信息。这一步骤是非常重要的，因为数据和信息的准确性和全面性直接影响到后续的分析和整理工作。

根据调研的方法和对象，选择合适的方式进行数据采集。以下是常见的数据采集方法。

（1）问卷调查法。通过设计合理的问卷，用来收集大量的数据。问卷可以以纸质形式发放，也可以通过在线调查工具进行网络调查。在进行问卷调查时，需要注意以下几点。

设计问题要清晰明了，避免歧义；问题顺序要合理，尽量避免冗余和重复的问题；选项要多样化，涵盖各种可能性；要设定合理的答题时间，尽量节约被调查者的时间。

（2）访谈法。通过与调研对象的面对面交流，获取深入的信息。访谈可以是结构化的，即按照预先设计好的问题进行；也可以是半结构化或开放式的，根据调研对象的回答灵活提问。在进行访谈时，需要注意以下几点。

保持中立和客观，不给调研对象带来压力或引导；充分倾听和记录，确保准确获取信息；对于敏感的话题，要尊重调研对象的隐私和权益；与调研对象建立良好的关系，使其感到舒适和愿意分享信息。

（3）观察法。通过观察现场的情况、行为和互动，获取直接的信息。观察可以是参与式观察，即调研人员亲自参与其中；也可以是非参与式观察，只作为旁观者进行。在进行观察时，需要注意以下几点。

观察对象要有代表性，能够反映整体情况；要保持客观和客观记录，避免主观偏见；注意细节和变化，捕捉重要的信息；确保观察环境不受干扰，真实反映情况。

3. 分析和整理调研结果

在完成数据采集后，需要对数据和信息进行分析和整理，以便从中得出有关结论和建议。

对于数量化的数据，例如问卷调查的结果，可以使用统计分析方法进行处理。可以计算各项指标的平均值、标准差、频率分布等，以便获取具体的数据特征。

对于质性的数据，例如访谈和观察的内容，需要进行主观性的分析。可以将相关的信息整理和梳理，找出共性和差异，并提取出对问题解决有价值的观点和建议。在分析和整理调研结果的过程中，需要注意以下几点。

保持客观和中立，不歪曲数据和信息的意义；将数据和信息与调研目标和问题联系起来，找出相互关联的因果关系；根据实际需要，进行综合分析和比较，得出结论和建议；编写报告时要简洁明了，重点突出，清晰传达结果和建议。

通过撰写调研报告，并向相关部门和组织进行汇报，将调研结果提供给决策者，并为决策提供科学的参考依据。调研报告应该包括调研目标、调研方法、调研结果和建议等内容，力求提供最全面和准确的信息。

### 三、创新创业模式

#### （一）创新创业实践的概念

本科应用型高校通常会定期组织学生进行创新创业实践活动。所谓创新创业实践，即鼓励学生参与创新和创业活动，如创业比赛和创新项目，以激发他们的创新思维和创业意识，培养创业精神和实际操作能力。这些模式有助于培养学生的团队合作能力、创新能力和实践动手能力。

#### （二）鼓励创新创业精神

为了培养人们的创新创业精神，需要通过宣传教育和激励措施来鼓励人们积极参与创新和创业活动。高校可以组织创新创业大赛，鼓励学生提出创新项目和商业计划，并给予奖励和嘉奖。同时，举办创业讲座、经验分享会等活动，邀请成功的创业者来校分享经验和启发学生的创新思维。

在课程设置上，高校也可以引入创新创业教育，开设相关的课程和实践项目，培养学生的创新能力和创业意识。此外，高校还可以与企业合作，为学生提供创业实践机会，如实习、实训或创业项目孵化，帮助他们锻炼创新创业的能力和素质。

#### （三）提供创新创业支持

应用型本科高校为了支持创新创业，通常会建立创新创业孵化基地，为有创业想法的学生或社会创业者提供办公场所、技术支持、市场推广等服务。孵化基地可以提供一站式的创业服务，如商业培训、法律咨询、财务管理等，帮助创业者解决实际问题，并促进其创业项目的发展。

此外，高校可以与金融机构合作，提供创业融资支持。通过设立风险投资基金或与银行合作，为创业者提供资金支持，降低创业风险和资金门槛。同时，高校可以引导学生了解和申请各类创业扶持政策和创业竞赛的奖励资金，帮助他们在创新创业道路上取得更好的成绩。

#### （四）加强产学研结合

推动产学研结合是实现创新创业的重要途径之一。高校可以与企业、社会组织和科研机构建立紧密的合作关系，共同开展科研项目和技术合作，促进科研成果的转化和应用。

具体而言，高校可以与企业签订合作协议，共同进行研发和创新项目。通过共享资源、技术交流和人才培养等方式，将科研成果与实际生产相结合，推动新技术和新产品的研发与应用。此外，高校还可以组织学生开展产业研究和需求调研，了解企业的技术需求和市场需求，为科研成果提供更好的转化机会。

（五）加强知识产权保护

知识产权的保护是创新创业的重要基础和保障。高校可以加强对知识产权法律法规的宣传教育，提高师生对知识产权的认识和重视程度。通过开设相关的课程和讲座，引导学生了解知识产权的概念、种类和保护方法，培养他们的法律意识和合规意识。

同时，高校可以与相关机构合作，提供知识产权保护的咨询和支持服务。建立专门的知识产权中心或法律援助机构，为师生提供知识产权申请、维权等方面的指导和帮助。该中心可以提供知识产权检索和分析的工具和资源，帮助创新创业者了解市场上的相关技术和专利情况，避免侵权纠纷和风险。

高校还可以加强与企业的合作，建立知识产权保护机制。通过签订保密协议、技术转移协议等方式，明确知识产权归属和保护责任，促进科研成果的转化和商业化。

**四、实习实训模式**

（一）实习实训的概念

应用型本科院校注重学生的实习实训，通常会设计实践性强的课程，如实验课和实训课，让学生亲身参与其中，培养他们的实践能力和问题解决能力。

（二）与企业建立合作关系

应用型本科高校可以与各行各业的企业建立合作关系，开展实习实训活动。通过与企业的合作，可以让学生接触真实的工作环境，提高他们的实践能力和职业素养。

1.寻找合作机会

高校可以通过与企业进行联络、洽谈等方式，寻找合适的合作机会。可以与相关行业的企业建立联系，了解其需求和意愿，探索潜在的合作领域。

2.确定合作形式

根据不同专业的特点和学生的需求，确定合作的形式。可以是实习、实训项目、合作研究等。确保合作内容与学生的专业知识和技能对接，并与企业的实际需求相匹配。

3.签署合作协议

在确定合作意向后，高校和企业可以签署正式的合作协议，明确双方的权责和合作细节，包括合作期限、合作内容、资源支持等。协议的签订有助于明确双方的期望和目标，为合作的顺利进行提供法律保障。

4.建立合作团队

组建由高校教师、企业导师和学生组成的合作团队。高校教师可以担任实习实训的负责人，企业导师则提供专业指导和技术支持，学生则在双方指导下完成实习实训任务。

（三）制定实习实训计划

根据专业特点和学生需求，制定详细的实习实训计划。明确实习实训的目标、内容、时间安排等，确保实习实训的有效进行。

表2-1　实习计划要点

| 实习计划要点 | |
| --- | --- |
| 确定实习实训目标 | 明确实习实训的目标和预期成果，包括学生应掌握的知识、技能和能力。目标要具体、可衡量，并与课程目标和高校教育理念相一致 |
| 设计实习实训内容 | 根据目标和学生的实际情况，设计实习实训的具体内容。可以参考行业标准和企业需求，结合学生的专业特长和兴趣，确定实习实训的重点和难点 |
| 制定时间安排 | 根据实习实训的内容和高校的学年安排，制定具体的时间安排。确保学生有足够的时间进行实习实训，并与高校的课程安排相衔接 |
| 确定评估方式 | 制定评估方式和标准，对学生的实习实训进行评估。可以采用实习报告、实习成果展示、实习评价等方式进行评估，确保评估结果客观、公正 |

（四）提供导师指导

为学生分配导师，提供实习实训指导和辅导。导师可以是企业的专业人士或高校的教师，通过导师的指导，帮助学生更好地完成实习实训任务。

1.导师选拔与培训

高校可以从企业中选择合适的导师，并对其进行培训。培训内容包括指导技巧、实习实训指导和辅导方法等。

2.学生导师分配

根据学生的专业和实习实训内容,将学生分配给相应的导师。导师应了解学生的实习实训计划,与学生进行沟通,明确任务和目标,并提供必要的支持和资源。

3.导师指导和辅导

导师应定期与学生进行面谈或线上交流,对学生的实习实训进行指导和辅导。导师可以帮助学生解决遇到的问题,提供专业知识和技术支持,鼓励学生的思考和创新。

4.提供反馈和评估

导师应及时给予学生实习实训的反馈和评估。通过正式会议、书面报告、实际操作等形式,指出学生的优点和不足,并提出改进建议,帮助学生更好地成长和进步。

（五）评估和反馈

对学生的实习实训进行评估和反馈,及时发现问题并提出改进建议。评估可以包括实习报告、实习评价、实习展示等形式,帮助学生总结经验、提升能力。

表 2-2　实训评估要点

| 实训评估要点 | |
| --- | --- |
| 实习报告 | 学生应提交实习报告,对实习过程、经验和收获进行总结和反思。报告可以包括实习目标的达成情况、遇到的问题和解决方法、个人成长等内容 |
| 实习评价 | 高校和企业导师可以针对学生的实习表现进行评价。评价可以从多个角度进行,包括专业知识与技能、工作态度与责任心、团队合作能力等方面 |
| 实习展示 | 学生可以通过展示会、演讲比赛等形式,展示实习期间的成果和经验。这有助于学生加深对所学知识的理解和运用,并提高自信心和表达能力 |
| 反馈与改进 | 评估结果应及时向学生反馈,并提出具体的改进建议。学生可以根据反馈信息,进一步完善自己的实习实训工作,提高学习效果和职业素养 |

评估和反馈不仅是对学生的学习过程进行监控和指导,也是高校和企业对教育质量的检验和提升。通过评估和反馈,高校和企业可以了解实习实训的效果和问题,为后续的实践教学提供经验和参考。同时,评估结果也可以作为学生的学习成绩、证书授予等决策的依据。

# 第二节　关于社会服务与大学生专业融合的探索

## 一、社会服务与大学专业教育的联系与融合

### （一）开设相关专业课程

为了培养学生在社会服务领域的专业知识和技能，大学可以根据社会服务的需求开设相关的专业课程。这些课程可以包括社会工作、公共管理、社会政策等方面的内容，旨在帮助学生掌握社会服务的基本理论、方法和技能。

比如，在社会工作方面，大学可以设置社会工作导论课程，介绍社会工作的定义、概念和历史，以及社会工作的职责和职业道德。同时，还可以开设社会工作方法与技能的课程，培养学生的社会调查、咨询、危机干预等实践技能。此外，还可以设置社区发展与社会变革的课程，帮助学生了解社会变革对社区的影响，掌握社区发展的理论和实践方法。

在公共管理方面，大学可以开设公共政策与管理的课程，培养学生的政策分析和制定能力。同时，还可以设置行政管理与组织行为学课程，让学生掌握公共组织的管理原理和方法。此外，还可以开设公共服务与社会创新的课程，培养学生的社会创新和公益创业能力。

通过开设这些专业课程，大学可以为学生提供系统的专业知识和实用的技能培训，为他们今后从事社会服务工作打下坚实的基础。

### （二）组织实践活动

为了让学生能够将所学专业知识应用于实际工作中，大学可以组织各类社会服务实践活动。这些实践活动可以是高校内部组织的，也可以是与社会服务机构合作的。

在高校内部，可以组织学生参与社区义工活动，如帮助社区老人搬运物品、陪伴儿童阅读等。此外，还可以组织学生参与社会调研，了解社会问题和需求，为制定社会服务计划提供依据。

与社会服务机构的合作可以让学生亲身体验社会服务的实际工作。高校可以

与社区社工站、公益组织等合作，安排学生到实地进行社会服务工作，如为弱势群体提供支持和帮助，组织公益活动等。通过这样的实践活动，学生可以锻炼自己的专业技能，同时也能感受社会服务的意义和价值。

（三）提供实习机会

为了进一步提高学生的实践能力，大学可以与社会服务机构建立合作关系，为学生提供实习机会。高校可以与社工站、社区发展中心、公益组织等机构进行合作，将学生派往这些机构进行实习。

在实习期间，学生可以参与实际的社会服务项目，与专业人士一起工作，学习实践经验和技巧。他们可以参与社会调研，制定社会服务计划，组织活动并与受益群体互动。通过实习，学生可以将所学专业知识应用到实际工作中，提升专业素养和实践能力。

（四）引导创新创业

为了培养学生的创新思维和实践能力，大学可以鼓励学生在社会服务领域进行创新创业。高校可以设立创新创业基地或孵化器，为有创业想法的学生提供支持和资源。

在社会服务方面，学生可以开展各类社会创新项目，解决社会问题，改善社会服务质量。比如设计并推行一种高效的社区服务模式，利用科技手段提升社会援助的效率等。

高校可以提供创业指导和培训，帮助学生了解创新创业的基本知识和技能。同时，还可以组织创业比赛和论坛，让学生与行业专家和成功创业者进行交流与互动，拓宽视野，激发创新创业的潜能。

通过引导学生进行创新创业，大学可以培养具有创造力和实践能力的社会服务人才，促进社会服务行业的发展和创新。

## 二、社会服务对于大学生专业素养的提升作用

（一）综合能力培养

社会服务活动涉及多种技能和能力的综合运用，通过参与社会服务，大学生可以全面培养自己的综合能力，提高专业素养。

社会服务活动要求大学生具备良好的沟通能力。在与社会群体、志愿者团队

和相关机构进行合作时，需要与他人进行有效的沟通和协作。只有通过良好的沟通，才能更好地了解需求和问题，协商解决方案，并与相关人员进行紧密地配合。通过参与社会服务，大学生可以不断锻炼自己的沟通技巧和表达能力，提高与他人合作的效果。

社会服务活动也需要大学生具备良好的团队合作能力。在社会服务项目中，大学生通常需要与其他志愿者一起工作，形成一个紧密的团队。在团队协作中，他们需要相互理解和支持，集思广益，共同完成任务。通过参与社会服务，大学生可以增强自己的团队合作意识和能力，学会与他人协作，培养集体主义精神。

此外，社会服务活动还需要大学生具备良好的问题解决能力。在项目实施过程中，可能会遇到各种问题和挑战，需要大学生能够迅速反应并找到解决方案。通过面对实际问题的解决，大学生可以提高自己的问题分析和解决能力，培养创新思维和实践能力。

（二）价值观塑造

社会服务强调服务他人、关爱社会的价值观念。通过参与社会服务，大学生可以树立正确的人生观、价值观，培养社会责任感和公益意识，提升专业素养。

参与社会服务活动可以让大学生意识到自己对社会的责任和义务。社会服务活动通常是为了帮助那些需要帮助的人群或社区，通过开展志愿服务，大学生可以亲身体验到为他人付出的喜悦和满足感。这种经历能够增强大学生的社会责任感，让他们认识到自己作为一名大学生应该承担起的社会角色和义务。

参与社会服务活动可以培养大学生的公益意识。公益意识指的是关注他人和社会的意识，愿意主动为社会做出贡献的心态。通过参与社会服务，大学生可以亲身感受到服务他人所带来的快乐和价值，从而培养出关爱他人、乐于助人的精神。这种公益意识不仅可以在社会服务活动中体现，也将贯穿他们的整个职业生涯，让他们始终保持对社会的关注和参与。

此外，社会服务活动还能够帮助大学生树立正确的人生观和价值观。通过与不同背景的人接触，他们可以更加全面地了解社会多样性，并且在服务过程中体验到不同人群的需求和挑战。这样的经历可以让大学生更加开阔眼界，反思自身的价值观念，并逐渐形成积极向上、关注社会、尊重他人的正确价值观。

### （三）职业素养培养

社会服务对于大学生的职业素养培养具有重要意义。通过参与社会服务，学生可以锻炼自己的职业道德、职业能力，提高就业竞争力。

社会服务活动可以帮助大学生培养良好的职业道德。在社会服务过程中，大学生需要具备诚信、责任、尊重等职业道德素养。他们需要准时到岗，认真对待工作，积极主动地与他人合作，并且保护好他人的隐私和权益。通过参与社会服务，大学生可以不断锤炼自己的职业道德，树立起良好的职业形象。

社会服务活动能够提升大学生的职业能力。在社会服务过程中，大学生需要运用所学的专业知识，解决实际问题。这种实践锻炼可以让他们将理论知识应用到实际工作中，提高解决问题的能力。同时，社会服务活动也要求大学生具备良好的沟通、协调、组织等能力，这些能力在职场中同样非常重要。通过参与社会服务，大学生可以全面提升自己的职业能力，增加就业竞争力。

此外，社会服务活动还可以为大学生提供宝贵的职业经验和人脉资源。在参与社会服务的过程中，大学生将有机会与各行各业的专业人士接触和合作，建立起广泛的人脉关系。这些人脉关系对于他们的职业发展将产生积极的影响，不仅可以获取更多的职业机会，还可以从他人的经验中学到更多。

### 三、大学生专业知识在社会服务中的应用与拓展

#### （一）运用专业知识解决问题

大学生在参与社会服务中，可以充分发挥所学专业知识的作用，通过实际应用解决社会问题。例如，社会工作者可以利用心理学知识帮助需要关怀和支持的人群，提供心理咨询和辅导服务。公共管理专业的学生可以通过研究和分析，为社会组织和政府部门提供有效的管理方案，促进公共资源的合理配置和社会效益的提升。医学专业的学生可以参与健康教育活动，宣传预防保健知识，提高社区居民的健康素养。

通过运用专业知识解决实际问题，大学生能够将所学的理论知识转化为实践能力，提升专业素养和技能水平，同时也能够为社会做出积极贡献。

#### （二）拓展专业知识领域

参与社会服务可以帮助大学生拓展自己的专业知识领域。在实践过程中，他

们会面临各种不同的问题和挑战，需要跨越学科边界进行思考和解决。这种跨学科的学习和合作可以促使大学生进一步学习和探索，扩大专业知识的广度和深度。

例如，一名环境科学专业的学生在参与社会环保项目时，可能需要了解相关法律法规、工程设计等多个学科的知识。这样的实践经验不仅可以帮助他们更好地理解自己所学专业的应用场景，还能够拓展相关领域的知识，提高综合素养和问题解决能力。

（三）与跨学科合作

社会服务常常需要不同学科的专业知识相互配合。大学生通过参与社会服务项目，可以与其他学科的学生合作，共同解决复杂的问题。这种跨学科合作能够促进知识的交流和融合，培养团队合作和沟通协调的能力。

例如，在一项社区发展的项目中，社会学专业的学生可以负责调研和社会分析，而建筑设计专业的学生则可以提供空间规划和设计方案，法学专业的学生则可以提供法律咨询和法规遵循等支持。通过跨学科的合作，可以将各个领域的专业优势结合起来，实现更好的社会服务效果。

（四）创新应用专业知识

在社会服务中，大学生可以以创新的方式应用所学专业知识。创新应用可以通过提出新的观点、方法或解决方案，为社会问题带来新的思路和突破。

例如，计算机科学专业的学生可以开发智能软件或应用程序，用于社会教育、健康管理等领域。设计专业的学生可以通过创意设计和可持续发展理念，提供环保产品或解决方案。这种创新应用不仅可以提高专业素养和创新能力，还能够推动社会进步和发展。

# 第三节　社会调研对于学生综合素质的提升作用

### 一、社会调研对于学生思维能力的培养

（一）拓宽思维视野

社会调研可以让学生接触到不同领域的问题和观点，开阔学生的思维视野。在调研中，学生需要分析和理解各种复杂的社会现象，思考问题的多样性和复杂性，从而培养出宽广而深入的思维能力。

举例来说，学生参与了一项调研无家可归者问题的项目。通过深入了解无家可归者的生活状况和面临的困境，大学生收集了丰富的信息。在这个过程中，他们认识到无家可归者所面临的复杂社会问题，并意识到这些问题的现实性和紧迫性。通过社会调研，大学生拓展了自己的思维视野。他们学会从不同角度思考问题，理解社会问题的根源和解决方法。这种拓宽的视野使大学生更加开放、包容，并为他们今后的学习和职业发展提供了宝贵的经验和人际交往能力。

（二）培养批判思维

社会调研要求学生进行问题的分析和评价，在面对各种数据和信息时，学生需要具备辨别真伪、分析利弊的批判思维能力。通过社会调研的实践，学生可以培养自己的批判思维，提高对事物的分析和判断能力。

举例来说，大学生们参与了一个社会实践项目，他们选择了在当地的一个废弃工厂建筑进行调研，此建筑被当地居民认为是一个犯罪活动的聚集地。这激发了大学生们的兴趣和好奇心，同时也引发了他们的批判思维。大学生们在进行社会调研过程中，不仅仅观察和记录了建筑物的状况，还积极与当地居民进行交流和访谈，以了解他们的看法和观点。大学生们还积极了解工厂的历史，探讨了原因和影响废弃建筑物的问题。他们还研究了当地的法律法规和政府政策，分析了废弃建筑物所存在的合法和管理问题。在这项社会调研实践中，大学生们培养了批判思维能力。他们不仅仅关注表面现象，还深入探讨了废弃建筑物的背后原因和影响。基于这些分析，他们提出解决问题的建议，例如修复建筑物，重新赋能

其功能等。

（三）培养创新思维

社会调研过程中，学生需要提出问题并解决问题，需要运用创新的思维方式进行探索。社会调研可以激发学生的创新思维，培养他们的问题解决能力和创造力，从而在未来的工作和生活中具备更强的适应能力。

**二、社会调研对于学生实践能力的提升**

（一）独立操作能力

社会调研要求学生独立进行数据收集和分析，培养了学生的独立操作能力。他们需要自己设计调查问卷、进行访谈、整理数据等，通过这一过程学会独立思考和解决问题。

（二）实际解决问题的能力

社会调研注重解决实际问题，学生需要通过调研找到问题的症结，提出解决方案，并在实践中加以验证。这样的实践过程可以培养学生的问题解决能力和实际操作能力。

（三）数据处理和统计分析能力

社会调研需要学生进行数据的收集和处理，学生需要掌握一定的数据处理和统计分析方法，提炼出有用的信息。通过这一过程，学生可以提高自己的数据处理和统计分析能力，增强实践能力。

**三、社会调研对于学生团队合作与沟通能力的提高**

（一）团队合作能力

社会调研通常需要学生组成小组共同开展工作。在团队中，学生需要分工合作、协同完成任务，学会平等沟通和合作，培养团队合作能力。学生在参与社会调研的过程中，需要相互协作，共同解决问题，这不仅要求学生具备良好的沟通和协调能力，还需要他们学会倾听他人意见、尊重他人观点，以及合理安排时间、分配任务等团队管理技巧。

在社会调研中，学生需要共同制定调研计划，并根据各自的专长和兴趣分工合作，例如一个人负责数据搜集和整理，另一个人负责实地调查和访谈等。通过这样的合作方式，学生能够提高自己的团队合作能力，学会与他人相互配合，形成互补优势，实现团队目标。

此外，在社会调研中，学生还需要共同面对并解决各种困难和挑战，如时间紧迫、信息收集困难等。通过团队的集体智慧和合作力量，学生可以共同寻找解决方案，推动项目的顺利进行。这样的经历不仅能够培养他们的团队合作能力，还能增强他们的自信心和应对压力的能力。

（二）决策和协商能力

在社会调研中，学生需要就各种问题进行讨论和决策，需要进行协商和达成共识。通过这一过程，学生可以提高自己的决策和协商能力，学会听取他人意见，尊重多样性。

在团队中，学生可能会面临各种意见和观点的差异，需要进行有效的沟通和协商。他们需要学会倾听并理解他人的观点，运用逻辑思维和分析能力，推动团队向着共同目标前进。通过与团队成员的交流与辩论，学生能够锻炼自己的思考能力和决策能力，培养出更加全面和客观的分析能力。

同时，在社会调研中，学生还需要与调查对象进行访谈和交流，这就要求他们具备良好的沟通和表达能力。学生需要了解调查对象的需求和想法，与其建立良好的工作关系，从而获得更准确的信息。通过与调查对象的交流，学生可以提高自己的沟通技巧，学会倾听和理解他人，培养出良好的人际交往能力。

（三）有效沟通能力

社会调研要求学生将调研结果向他人进行报告和展示，这就需要他们具备清晰、准确地传达自己观点和批评的能力。通过在社会调研中的实践，学生能够锻炼自己的表达能力和沟通能力。

在撰写调研报告时，学生需要将复杂的调研结果进行整理和归纳，以简明扼要的方式呈现给读者。他们需要学会使用准确的语言和逻辑结构，使报告内容易于理解和接受。此外，学生还需要学会运用图表、表格等辅助工具，更加直观地展示调研结果，提高沟通效果。

除了书面表达，学生在社会调研中还需要进行口头报告和展示，这就需要他们具备良好的演讲和表达能力。学生需要在一定时间内，以清晰、连贯的方式将调研结果传达给观众，并回答相关问题。通过这样的实践，学生能够提高自己的演讲和表达能力，增强自信心和说服力。

### 四、社会调研对于学生社会责任感的培养

（一）增强社会关系意识

社会调研使学生接触到社会不同层面的群体和问题，从而加深了对社会的认识和理解。学生能够感受到社会存在的问题和需求，培养了他们的社会关系意识。他们认识到每个人都是社会的一分子，每个人都有责任为社会的发展和进步做出贡献。

通过与调查对象的接触和交流，学生能够更加直观地了解社会中的不平等和不公正现象，进一步激发他们对社会问题的关注和思考。他们开始思考如何通过自己的行动来改善社会，增加社会的公平与正义。

（二）培养公益意识

社会调研通常与社会公益项目结合，学生通过实践了解社会的弱势群体和社会问题，进而培养出关爱他人、乐于助人的公益意识。在社会调研过程中，学生可能会接触到贫困地区的孩子、老年人、残障人士等需要帮助的群体，了解他们的困境和需求。通过亲身参与公益项目，学生能够深刻感受到自己的影响力，激发出关心他人、乐于奉献的情感。

通过社会调研与公益项目的结合，学生还能够学习到如何有效地帮助他人，如何在有限的资源下实现最大的社会效益。他们需要考虑如何将调研结果转化为具体的行动，如何发起和组织社会公益活动，以解决社会问题和改善社会环境。这样的实践能够培养出学生的创新能力、问题解决能力和社会责任感。

（三）提高社会参与能力

社会调研要求学生积极参与社会实践和解决社会问题，促使他们主动承担社会责任。通过社会调研的实践，学生能够培养出积极的社会参与能力，为社会发展做出贡献。

在社会调研中，学生需要积极主动地了解社会问题，关注社会热点，以实际行动推动社会进步。他们可以通过参与公民讨论会、社区志愿活动等方式，与其他人一起交流和分享，为解决社会问题提出自己的观点和建议。学生还可以加入相关的社会组织或志愿者团队，参与更广泛的社会行动，并发挥自己的专业知识

和技能。

通过这样的实践，学生能够逐渐增强自己的社会参与能力，成为社会变革的推动者和引领者。他们将主动关注社会问题，提出创新的解决方案，并通过合作与合力，推动社会的可持续发展。

## 第四节　大学生创新创业实践对其职业生涯的影响

### 一、创新创业实践对大学生职业能力的影响

（一）锻炼创新思维和创造力

大学生参与创新创业实践可以锻炼他们的创新思维和创造力。在创新创业过程中，他们需要面对市场需求和竞争压力，通过寻找独特的解决方案来满足市场需求。这要求他们具备敏锐的洞察力和创新思维，能够从不同角度思考问题，找到创新的点子和方法。

创业实践可以提供一个真实的平台，让大学生能够将创意付诸实践，并通过实践不断调整和改进，提高产品或服务的创新性和竞争力。在这个过程中，大学生也会遇到各种问题和挑战，需要运用创造力寻找解决方案，这对培养创新思维和创造力非常有益。

（二）培养团队合作精神

创新创业实践往往需要团队合作，大学生参与其中可以培养团队合作精神。在团队中，每个成员都有自己的专业背景和技能，需要相互配合和协作，共同推动项目的实施和发展。

通过与团队成员的交流和合作，大学生可以学习到如何有效地沟通、协调和分工合作。他们需要倾听他人的意见和建议，学会妥善处理团队内部的冲突和问题。这不仅提升了他们的团队合作能力，还培养了领导能力和组织协调能力，为未来的职业发展奠定了基础。

（三）增强问题解决能力

创新创业实践中常常会遇到各种问题和挑战，大学生通过实践可以提高自己

的问题解决能力。他们需要分析和理解问题的本质，从多个角度思考并找到解决问题的有效方法。

在解决问题的过程中，大学生需要运用到自己所学的知识和技能，并结合现实情况进行判断和决策。他们还需要具备批判性思维和判断力，能够评估不同方案的优劣并做出明智的选择。通过不断面对和解决问题，大学生的问题解决能力得到锻炼和提升，为将来的职业生涯打下坚实基础。

（四）提升自主学习能力

创新创业实践要求大学生具备持续学习和不断提升的能力。在这个过程中，大学生需要自主学习新知识、掌握新技能，并将其应用到实际项目中。

通过积极主动地学习和实践，大学生可以不断拓宽自己的知识面和技能范围。他们需要关注行业动态和市场变化，及时了解最新的创新趋势和技术发展。同时，他们还需要具备自我管理和自我激励的能力，保持学习的热情和动力。

创新创业实践提供了一个理想的平台，让大学生能够在实践中学习、成长和提高自主学习能力。他们在创新创业实践中需要不断学习新的知识和技能，同时将其应用到实际项目中。这要求他们具备自我驱动力和持续学习的能力。

通过积极主动地学习和实践，大学生可以不断拓宽自己的知识领域，提升专业素养和技能水平。他们可以参与各种培训、研讨会和工作坊，获取行业内最新的信息和经验分享。同时，他们还可以通过阅读相关书籍、期刊和网上资源来深入了解和学习相关知识。掌握自主学习的方法和技巧，使得大学生能够在未来的职业生涯中持续学习和适应变化。

**二、创新创业实践对大学生职业发展规划的启迪**

（一）发掘自身潜能

创新创业实践是大学生发掘自身潜能的重要途径之一。在创新创业的过程中，大学生需要充分发挥自己的创造力、团队合作能力和解决问题的能力。通过实践，他们可以接触到各种实际问题，从中发现自己的兴趣和才华，并将其应用于实践中。例如，在一个创新创业项目中，大学生可以担任团队负责人、市场调研员、产品设计师等角色，通过实践不断发现自己的优势和潜能。

在创新创业过程中，大学生还可以尝试不同的角色和职责，了解自己在团队中的位置和作用。这有助于他们更全面地认识自己的能力和兴趣,为未来的职业发展规划提供更多选择和可能性。通过实践,大学生可以发现自己擅长的领域,并进一步提升相关技能,为未来的职业发展打下坚实基础。

(二)明确职业目标

参与创新创业实践可以帮助大学生更清晰地认识自己的职业兴趣和追求,进而制定出更具体的职业发展规划,并明确自己的职业目标。在创新创业项目中,大学生可以选择自己感兴趣的领域进行深入研究和实践,通过实践了解该领域的发展趋势、就业前景以及自己是否适合从事相关工作。

通过实践,大学生还可以与行业内的专业人士和企业家进行交流,了解他们的职业经验和成功故事,借鉴他们的经验和教训。这有助于大学生更好地认识自己的职业兴趣和追求,并为未来的职业规划做出明智的决策。

(三)培养创业意识

创新创业实践是培养大学生创业意识的有效途径。在创新创业过程中,大学生需要面对各种挑战和问题,需要不断寻找解决方案并付诸实践。这要求他们具备创新思维、决策能力、风险意识和资源整合能力等创业所需的素质。

通过实践,大学生可以锻炼自己的创新思维,并将其应用于解决实际问题中。他们可以从市场需求和竞争状况中发现商机,并通过创造性的产品或服务满足市场需求。在创新创业过程中,大学生还需要具备良好的团队合作能力,与他人共同合作、协调资源,实现共同目标。

通过创新创业实践,大学生能够培养创业意识,了解创业的风险和机遇,并掌握一定的创业经验,为未来创业或职业发展打下基础。

(四)提升自我管理能力

创新创业实践要求大学生具备良好的自我管理能力。在实践过程中,大学生需要有效地管理时间、资源和人际关系,以确保项目的顺利进行。

时间管理是大学生自我管理的重要方面。在创新创业项目中,大学生需要合理安排时间,制定详细的计划,并严格按照计划执行。他们需要在各种任务之间进行有序的安排和优先级的划分,以保证工作的高效进行。

资源管理是创新创业实践中另一个重要的自我管理能力。大学生需要合理配置和利用项目所需的各种资源，包括人力资源、财务资源和技术资源等。他们需要了解资源的供需关系，并找到最佳的利用方式，以达到项目的最大效益。

人际关系管理也是创新创业实践中不可忽视的一部分。大学生需要与团队成员和合作伙伴建立良好的沟通和合作关系，共同努力实现项目的目标。他们需要学会倾听和理解他人的意见，并能够协调冲突，解决问题，保持团队的凝聚力和高效性。

通过创新创业实践，大学生可以提升自我管理能力，培养出良好的时间管理、资源管理和人际关系管理能力，为个人职业发展规划提供更好的支持。这些能力不仅有助于他们在创新创业领域取得成功，还能够在其他职业领域展现出色的表现。

## 第五节　大学生实践实习对其职业生涯的影响

### 一、大学生实践实习对于专业知识与技能的提升

（一）提升专业知识运用能力

大学生实践实习是将所学理论知识应用于实际工作中的机会。通过实习，学生可以接触和解决真实的问题，提高专业知识的运用能力。在实践中，学生将面临各种实际情境和挑战，需要灵活运用自己所学的专业知识，与团队成员协作解决问题。这种实践锻炼能够加深学生对专业知识的理解和掌握，并培养他们在实际工作中独立思考和解决问题的能力。

（二）培养多种相关领域技能

实习是学生学习和掌握实际操作技能的重要途径。在实习中，学生可以学习和掌握行业相关的技术和操作方法，提升自己在专业领域的实际能力。例如，在科技公司的实习中，学生可以学习软件开发、数据分析等具体技能，提高自己在相关领域的实际操作水平。通过实习积累的实际技能不仅增强了学生的职业竞争力，还为他们未来的职业发展提供了重要基础。

（三）积累实践经验

通过实习，学生可以积累宝贵的实践经验。在实际工作中，学生能够了解行业内的工作流程、规范和操作方法，掌握项目管理和团队合作的技巧。这些实践经验对于学生的职业发展非常有价值，不仅能够为他们提供更多的就业机会，还能够帮助他们更好地适应未来工作中的挑战。

（四）提升专业认知水平

实习可以让学生更深入地了解所学专业领域的实际情况和发展趋势，提升对专业的认知水平。通过实习，学生可以与行业内的专业人士交流，了解最新的技术、发展方向和市场需求。这种实践经验能够帮助学生更准确地定位自己的职业发展方向，并为他们今后的学习和就业提供指导。

**二、大学生实践实习对于职业发展意识的激发**

（一）职业规划

实习过程中，学生需要了解和思考自己的职业规划，明确自己的职业发展目标。实习让学生认识到实际工作中的要求和挑战，进而激发职业发展意识。通过实习，学生可以更清楚地了解不同岗位的职责和要求，有助于他们思考自己的兴趣、特长和发展方向，制定出更具体和可行的职业规划。

（二）行业洞察力

实习可以让学生深入了解所在行业的内部运作和发展趋势，学习从长远的角度思考职业发展，为未来的职业道路打下基础。通过与行业内的专业人士交流和观察实践情况，学生能够了解行业的发展趋势、市场需求和竞争态势。他们可以通过实习了解不同公司的运营模式、产品特点和创新方向，从而更好地把握行业的机遇与挑战。这种行业洞察力可以激发学生对职业发展的积极性和追求卓越的意愿。

（三）自我认知

实习过程中，学生会面临各种工作压力和挑战，需要不断调整自己的能力和心态。实习可以帮助学生认清自身的优势和不足，并提醒他们在职业发展中进行自我提升和改进。通过实习，学生可以发现自己的兴趣、特长和潜力所在，进一步明确自己的职业定位和发展方向。同时，实习也是一个反思和成长的过程，学生可以通过总结经验教训，完善自己的职业素养和能力。

（四）职业价值观

实习过程中，学生会接触到不同的工作环境和企业文化，对职业道德和价值观形成了更深入的认识。学生可以通过实习经历检验自己的职业道德观念，提高自己的职业素养。在实习中，学生会体验到工作责任、团队合作、客户关系等方面的重要性，增强对职业职责和社会责任的认识。这种职业价值观的培养将有助于学生形成正确的职业态度和行为准则，为他们未来的职业发展奠定坚实基础。

**三、大学生实践实习对于职业人际关系的建立与拓展**

（一）人脉资源

实习提供了与行业内从业者接触的机会，通过与导师、同事和上级的交流合作，学生可以建立起宝贵的人脉资源。在实习期间，学生可以主动与他们进行沟通交流，向他们请教问题，并加深彼此的了解。这些人脉资源将成为未来职业发展中的有力支持。在建立人脉关系时，学生需要展现积极主动的态度，表现出良好的沟通能力和合作精神。同时，要保持真诚和礼貌，树立良好的个人形象。

（二）团队合作

实习期间，学生通常需要与团队成员密切合作，共同完成工作任务。这种团队合作的经历有助于学生学习如何在团队中协调合作、有效沟通。在团队合作中，学生需要尊重他人的意见和贡献，学会倾听和理解他人，提出自己的想法并与团队成员一起寻求解决问题的最佳方案。通过团队合作，学生不仅可以提高自己的团队合作能力，还可以建立良好的人际关系，增加彼此间的信任和默契。

（三）职业导师

实习期间，学生往往会有一位导师指导自己的工作和学习。导师通常是行业内经验丰富的专业人士，他们可以给予学生宝贵的指导和帮助。通过与导师的交流和学习，学生可以更好地了解行业内的规则和要求，获取实践经验和行业洞见。导师也可以为学生提供职业发展方面的建议和指导，帮助他们规划未来的职业道路。建立与导师之间的良好关系对于学生的职业发展非常重要，学生应该向导师展示积极主动的态度，虚心接受指导，并充分利用导师提供的资源和机会。

（四）职业咨询

通过实习，学生还可以与行业内的专业人士进行交流和咨询。他们可以向导师、同事或业界专家请教问题，获取更多关于职业发展的建议和指导。在实习期间，学生可以利用机会参加行业内的讲座、研讨会等活动，扩展自己的职业圈子，并与专业人士进行交流。这些职业咨询的机会有助于学生了解行业的最新动态和趋势，提供了宝贵的学习和成长机会。学生应该保持积极主动的态度，主动寻求咨询和指导，提出自己的问题并吸收他人的经验和知识。

**四、大学生实践实习对于就业机会的增加**

（一）实践经验加分

通过积累丰富的实习经验，学生可以在求职过程中展示自己的能力和学习成果，提升自己的竞争力。实习经验是学生在校园外的实际工作中所获得的宝贵经验，能够体现他们的专业知识和实际操作能力。

在实习期间，学生可以接触到真实的工作场景和问题，学习并应用相关的专业知识和技能。通过实践，他们能够更好地理解专业知识的应用，并在实际工作中发挥自己的才能。这些实践经验不仅能够加强学生的学习效果，还能够在求职时给予雇主更好的信心，证明自己具备实际工作能力。

此外，实习经验还能够丰富学生的简历。在求职过程中，雇主通常会更加关注候选人的实际工作经验，而非仅仅看重学术成绩。通过在实习期间参与真实项目、解决实际问题，学生能够在简历中突出自己的实践经验，吸引雇主的注意力，增加自己的竞争力。

（二）内部推荐机会

实习期间，学生有机会展示自己的能力和工作表现，如果能够表现出色，企业可能给予优先考虑，并提供内部推荐的机会。内部推荐是指企业内部员工推荐认可的候选人参与招聘流程。

在实习过程中，学生可以积极参与工作，表现出专业素养和优秀工作能力。如果企业认识到学生的潜力和价值，他们可能会为学生提供更多的发展机会，例如提供全职工作职位，或者推荐学生在其他部门或子公司工作。这种内部推荐机会对于学生的职业发展具有重要的启示意义，并且能够为学生提供更广阔的发展空间。

（三）职业导向

实习期间，学生可以更早地接触到自己未来职业所需的技能和经验。通过实践，学生能够了解自己所学专业的实际应用，进一步明确自己的职业目标和发展方向。这有助于学生更有针对性地选择相关的课程和培训，提前为就业做好准备。

在实习过程中，学生可以与企业员工和行业专业人士交流和互动，了解行业的发展趋势和就业前景。他们也可以观察并学习企业中成功职业人士的经验和教训，从而更好地规划自己的职业发展路径。

（四）职业网络

实习期间，学生有机会与企业合作伙伴和同事建立起职业网络。这些人脉资源对于学生在求职和职业发展过程中都具有重要的支持作用。通过与他人的合作和交流，学生可以扩展自己的社交圈子，结识更多行业内的关键人物。

职业网络可以为学生提供更多的就业机会和职业发展机会。有时候，一份工作的获得往往依赖于人脉关系的引荐。通过与企业和行业精英建立良好的关系，学生可以获得更多的就业推荐和职业机会。

# 第五章　国外高校对于学生实践能力培养的经验

## 第一节　国外高校实践教育的发展现状和特点

### 一、国外高校对实践教育的重视程度

（一）实践教育在国外高校中占据重要地位

许多国外高校将实践教育视为学生学习的重要组成部分，并给予相应的权重和资源投入。这是因为国外高校普遍认识到实践教育能够为学生提供与理论知识相结合的学习机会，培养学生的实际技能和职业素养。

实践教育能够帮助学生将所学理论知识与实际应用相结合。通过参与实践活动，学生可以亲身体验所学知识在实际生活和工作中的应用，加深对理论知识的理解和记忆。例如，在商科类专业中，学生可以参与模拟企业运营，学习如何制定销售策略、管理团队以及解决实际业务问题。这样的实践经验不仅能够提升学生的专业能力，还能够培养学生的创新思维和问题解决能力。

实践教育能够培养学生的实际技能和职业素养。国外高校注重培养学生的综合素质，不仅要求学生具备扎实的学科知识，还强调学生的实际操作能力和职业素养。实践教育可以提供学生与真实工作环境接触的机会，让学生学会与他人合作、解决问题以及适应多样化的工作场景。这些实际技能和职业素养对于学生未来的职业发展至关重要。

实践教育还能够帮助学生建立自信心和职业规划。通过参与实践活动，学生可以在实际情境中体验自己的能力和潜力，增加自信心并明确自己的职业目标。

国外高校引导学生进行实践探索，鼓励学生实践中发现自己的兴趣和优势，并为未来的职业发展做好规划。

（二）实践教育已成为国外高校的教学改革热点

在面对快速变化的社会和经济发展趋势下，国外高校纷纷调整教学模式，加强实践教育的内容和方式，以满足学生和社会的需求。实践教育不仅仅是为了满足学术要求，更是为了培养学生具备适应未来职业发展的能力。

实践教育能够提供与行业实践密切相关的课程和项目。许多国外高校与各行各业的企业合作，开设与实际工作相关的课程，或者提供实习和实践机会，让学生可以在真实的工作环境中学习和实践。这种与实际工作紧密结合的教学模式有助于增强学生的实际能力和就业竞争力，提高他们在职场中的适应能力。

国外高校鼓励学生参与社区服务和志愿活动，培养学生的社会责任感和公民意识。通过参与社区服务，学生可以学习如何与他人合作、解决社会问题，并理解并关注社会的多样性和需求。这种社区参与的实践教育有助于学生发展全面的社会技能和价值观，将来可以更好地融入社会并做出积极贡献。

国外高校还开始注重跨学科的实践教育。他们鼓励学生在不同学科领域之间进行交叉学习和实践探索，培养学生的创新思维和解决复杂问题的能力。实践教育不再局限于某一学科的应用，而是通过跨学科的合作和交流，促进知识的整合和创新的发展。

（三）国外高校重视国际化教育，提供全球视野的学习机会

国外高校越来越注重国际化教育，为学生提供全球视野的学习机会，以培养具有跨文化沟通和合作能力的全球化人才。

国外高校积极开展国际交流与合作项目。他们与其他国家的高校建立合作关系，开展学术研究、教师互访、学生交流等项目。通过参与国际交流项目，学生可以接触不同文化背景和教育体系，拓宽视野，增强跨文化交流和合作的能力。

国外高校提供丰富多样的留学机会。他们鼓励学生到其他国家的高校进行短期交换或全日制留学，以提升学生的国际化视野和语言能力。留学经历使学生能够更好地理解和适应不同文化环境，培养全球化思维和跨文化能力。

国外高校还注重招收国际学生，构建多元化的学习环境。他们积极吸引来自

世界各地的学生，使校园成为一个多种文化、多元背景的交流平台。国际学生的加入不仅为学生提供了与不同文化背景的同学学习交流的机会，也丰富了学习和生活的多样性。

**二、国外高校实践教育的体系建设**

（一）完善的实践教育规划和管理体系

国外高校普遍建立了完善的实践教育规划和管理体系，以确保实践教育的有效开展。这些规划和管理体系包括以下几个方面。

1.目标设定与制定政策

国外高校会明确实践教育的目标，并制定相关政策和程序。这些目标旨在培养学生的实践能力、创新思维和职业素养，为其未来的职业发展打下坚实基础。

2.课程设计与安排

国外高校会根据不同专业的要求和学生的兴趣，开设多样化的实践教育课程。这些课程涵盖了实践实习、社区服务、创新创业项目等各个领域。高校注重将实践教育与学术课程融合，使学生能够将理论知识应用于实际问题解决中，实现知行合一。

3.资源配置与支持

国外高校为实践教育提供必要的资源和支持。包括实验室、创新空间、社区服务中心等实践教学设施，以及实践项目的经费和导师指导等。这些资源和支持为学生提供了良好的实践环境和学习条件。

4.质量监控与评估

国外高校会建立实践教育的质量监控和评估机制。通过对实践教育项目的监督和评估，高校能够及时发现问题，并采取相应的改进措施，提升实践教育的质量和效果。

5.学生支持与指导

·国外高校为学生提供个性化的实践教育支持和指导。高校会组建专业化的实践教育团队，包括导师和顾问，协助学生选择合适的实践项目、规划职业发展，并提供相关的资源和网络支持。

（二）多元化的实践教育课程设置

国外高校注重为学生提供多样化的实践教育课程。这些课程旨在满足学生的不同需求和兴趣，培养他们的实践能力和创新精神。以下是一些常见的实践教育课程：

表 5-1　实践教育课程举例

| | |
|---|---|
| 实践实习课程 | 学生可以参与在企业、机构或实验室等实践场所的实习活动。这些实习可以帮助学生获得实际工作经验，了解行业运作方式，并提升实践技能和职业素养 |
| 社区服务课程 | 学生可以参与社区服务项目，为社区居民提供各种帮助和支持。通过与社区互动，学生能够增进对社会问题的认识，培养社会责任感和公民意识 |
| 创新创业课程 | 学生可以参与创新创业项目，如商业计划比赛、产品设计竞赛等。通过创新创业的实践，学生可以培养创新思维、团队合作和项目管理能力 |
| 研究课程 | 学生可以参与科研项目，进行独立或团队的科研工作。通过进行科学研究，学生能够掌握科研方法和技巧，培养批判思维和科学精神 |
| 艺术表演课程 | 学生可以参与舞台表演、音乐演奏、绘画创作等艺术活动。通过艺术表演的实践，学生能够提升艺术表达能力、审美素养和创造力 |

这些多元化的实践教育课程能够满足学生的个性化需求，帮助他们发展全面的能力和素质。

（三）专业化的实践教育指导与支持体系

国外高校建立了专业化的实践教育指导与支持团队，为学生提供个性化的指导和支持。这些团队由经验丰富的导师和顾问组成，为学生提供以下服务。

1.实践项目选择与规划

导师和顾问会与学生一起探讨他们的兴趣、目标和能力，帮助他们选择适合的实践项目，并制定实践规划。

2.实践技能培训

导师和顾问会为学生提供实践技能培训，包括项目管理、团队合作、沟通技巧等。他们会针对学生的具体需求，设计相应的培训计划。

3.职业发展指导

导师和顾问会协助学生规划职业发展路径，提供就业市场信息和行业趋势分析。他们会帮助学生了解就业市场的需求和趋势，为他们的职业选择提供指导和建议。

4.资源和网络支持

导师和顾问会为学生提供相关的资源和网络支持，包括实践项目的信息、行业联系和就业机会等。他们通过建立与企业、行业组织和校友的合作关系，为学生提供更多的机会和资源。

这些专业化的实践教育指导与支持团队能够为学生提供个性化的帮助和指导，帮助他们充分发挥自己的潜力，实现个人职业目标。

（四）先进的实践教育设施和资源

国外高校在实践教育方面投入了大量的设施和资源，以提供良好的实践环境和学习条件。以下是一些常见的实践教育设施和资源。

1.实验室

高校配备了各种先进的实验室设备，包括生物实验室、化学实验室、工程实验室等。学生可以在实验室中进行实际操作，进行科学研究和实践实验。

2.创新空间

高校设立了创新创业的空间，如孵化器、创客空间等。学生可以在这些空间中进行创新项目的开发和实践，得到师资和行业专家的指导和支持。

3.社区服务中心

高校建立了社区服务中心，为学生提供参与社区服务项目的场所和支持。学生可以通过社区服务活动，将所学知识与社会实践相结合，为社区做出贡献。

4.实践项目经费

高校为实践项目提供经费支持，用于学生进行实践实习、创新创业项目等。这些经费可以帮助学生解决实践过程中的经济困难，保证他们顺利完成实践项目。

5.导师和行业资源

高校建立了与企业、行业组织和校友的合作关系，为学生提供导师和行业资源支持。学生可以得到来自企业和行业专家的指导和培训，了解最新的行业动态和技术发展。

这些先进的实践教育设施和资源为学生提供了良好的实践平台和学习条件，帮助他们进行实践探索和能力培养。

### 三、国外高校实践教育的多元化形式

（一）实习和职业训练

在国外高校，实习和职业训练项目被广泛开展，为学生提供实际工作经验和职业技能的培养。这些项目旨在帮助学生将所学的理论知识应用于实际工作中，并与专业人士合作，提高自己的实践能力和就业竞争力。

具体而言，实习和职业训练项目可以包括以下内容。

1.实习机会

高校与企业、组织或机构建立合作关系，为学生提供实习机会。学生可以通过暑期实习、寒假实习或长期实习进入真实的工作环境，亲身体验相关行业的工作内容和要求。

2.职业技能培养

实习期间，学生将有机会接触到真实的工作任务和项目，并与专业人士合作完成工作。通过参与实际项目，学生能够锻炼自己的问题解决能力、沟通协作能力以及时间管理能力等职业技能。

3.职业导师指导

在实习过程中，学生通常会得到来自企业或组织的职业导师的指导和支持。导师会提供实际工作中的相关知识、经验和建议，帮助学生更好地适应职场环境，并指导他们在实习期间的工作表现。

4.实践报告与评估

实习结束后，学生通常需要撰写一份实践报告，对实习期间的工作内容、经验和收获进行总结和反思。同时，企业或组织也会对学生的实习表现进行评估，为学生提供宝贵的反馈和建议。

通过实习和职业训练，学生能够将所学的理论知识与实际工作相结合，了解真实的职业环境和要求，并提升自己的实践能力和就业竞争力。高校应当积极与企业和组织合作，开展多样化的实习和职业训练项目，为学生提供广阔的实践机会。

（二）社区服务和公益项目

国外高校非常重视学生参与社区服务和公益项目，旨在培养学生的社会责任感和公民意识。通过参与社区服务和公益项目，学生可以为社会做出贡献，并学习解决社会问题和与他人合作的能力。

具体而言，社区服务和公益项目可以包括以下内容。

1.社区参与活动

学生可以积极参与各种社区活动，如义工服务、社区清洁、环保活动等。他们有机会了解社区的需求和问题，并通过实际行动改善社区环境和居民生活质量。

2.志愿者服务

学生可以加入志愿者组织，为弱势群体或社会困境提供帮助。他们可以参与支教、助残、关爱老人等项目，为需要帮助的人们提供实际援助和关怀。

3.社会项目合作

学生可以与社会组织或非营利机构合作，参与社会项目和公益项目的策划和实施。他们可以与专业人士或其他志愿者合作，共同解决社会问题，推动社会进步。

4.反思与总结

参与社区服务和公益项目的学生通常需要进行反思和总结。他们可以通过写日记、撰写报告或参与小组讨论等形式，对自己的参与经历进行反思和总结，分析项目中遇到的困难和取得的成就。

通过参与社区服务和公益项目，学生能够拓宽视野、增强社会责任感，并培养解决问题和与他人合作的能力。高校应当鼓励学生积极参与社区服务和公益项目，并为他们提供相应的支持和指导。

（三）创新创业和科技项目

国外高校非常重视学生的创新创业和科技项目参与，激发学生的创造力和创新精神。学生可以参与各种创新创业竞赛、科技研究项目等，通过实际操作和创新实践，培养自主创业和科技创新的能力。具体而言，创新创业和科技项目可以包括以下内容。

表5-2　创新创业和科技项目举例

| 创业竞赛 | 学生可以参加创业竞赛，发展自己的商业计划和创业项目。他们需要进行市场调研、产品开发、商业模式设计等，通过竞赛评审和反馈，逐步完善自己的创业想法和项目 |
|---|---|
| 科技研究项目 | 学生可以参与科技研究项目，深入探索某一领域的前沿科技问题。他们可以与教授或研究团队合作，进行实验设计、数据分析等工作，为科技进步做出贡献 |
| 创新实践工作坊 | 高校可以组织创新实践工作坊，为学生提供创新思维和实践技能的培训。学生可以参与创意生成、设计思考、原型制作等活动，在实践中培养自己的创新能力 |
| 创新项目孵化 | 一些高校设立了创新项目孵化中心，为学生提供创业指导、资源支持和资金投入。学生可以将自己的创新创业项目提交给孵化中心，获得相应的支持和帮助，推动项目的落地和发展 |

通过参与创新创业和科技项目，学生能够培养创造力和创新精神，掌握实际项目的策划和管理能力，并为社会和经济发展做出贡献。高校应当积极鼓励学生参与创新创业和科技项目，提供相应的支持和资源，帮助他们实现自己的创新梦想。

**四、国外高校实践教育的协同合作机制**

（一）校企合作

国外高校与企业之间建立了紧密的合作关系，共同推进实践教育。这种校企合作不仅有助于学生获得实际工作经验和提升就业竞争力，还促进了产学研结合，推动科研成果的转化和应用。

具体而言，校企合作可以包括以下内容。

1.实践教育计划

高校与企业合作制定了实践教育计划，明确学生在实习或实际工作中的任务和目标。企业提供实际工作岗位和项目，高校负责指导和评估学生的实践成果。

2.实习机会

通过校企合作，学生可以获得更多的实习机会。他们可以在企业中参与真实的工作项目，与专业人士合作，将所学的理论知识应用到实际工作中，并提升自己的实践能力和工作技能。

### 3.导师指导

在实习期间，学生通常会有来自企业的导师进行指导和支持。导师会分享自己的工作经验和行业知识，帮助学生更好地适应职场环境，并提供实际项目中的指导和反馈。

### 4.产学研合作

校企合作促进了产学研结合，加强了高校科研成果的转化和应用。高校与企业可以共同开展科研项目，将学术研究成果应用到实际生产和解决实际问题中，推动技术创新和社会发展。

通过校企合作，学生能够在真实的工作环境中积累经验，拓宽职业视野，并与专业人士建立联系。高校应当积极与企业建立合作关系，提供更多的实践机会和资源支持，帮助学生顺利过渡到职场并获得成功就业。

### （二）国际合作交流

国外高校非常重视国际合作交流，通过与国际合作伙伴建立合作关系，开展跨国实践教育项目。学生参与国际交换、海外实习等活动，能够拓宽视野、增进对不同文化和社会环境的理解，培养跨文化交流和合作能力。

具体而言，国际合作交流可以包括以下内容。

### 1.学术交流项目

高校与国际高校合作，开展学生交流项目。学生可以到国外的合作高校学习一段时间，参加课程、研讨会或实践项目，与国际学生互动交流，并了解不同教育体系和学术文化。

### 2.海外实习机会

高校与企业或组织在国外建立合作关系，为学生提供海外实习机会。学生能够在国际职场中锻炼自己的实践能力和跨文化沟通技巧，拓宽就业视野，并丰富自己的国际经验。

### 3.跨文化项目合作

高校与国际合作伙伴共同开展跨文化项目合作。在这样的项目中，学生可以与来自不同国家和文化背景的学生一起合作，共同完成跨文化项目。通过团队合作和跨文化交流，学生能够培养解决问题的能力、提高沟通协作能力，并拓宽对世界各地社会、经济和文化差异的理解。

（三）高校内部合作

国外高校注重高校内部的协同合作，将各学科、院系之间的资源整合起来，提供更全面和综合的实践教育。高校内部的合作可以为学生提供多样化的实践机会和资源支持，促进学科之间的交叉融合和知识的综合应用。

在国外高校中，高校内部的合作是非常重要的一项工作。高校会积极创建跨学科的合作平台，鼓励不同学科之间的合作与交流。例如，在课程设置方面，高校可能会推出跨学科的课程，让学生能够接触到不同学科的知识，促进学科之间的互补和交叉。同时，高校还会组织跨学科的项目和实践活动，让学生能够在实际问题中运用多门学科的知识和技能，培养跨学科的思维和解决问题的能力。

高校还会鼓励不同院系之间的合作。比如，不同院系的教师可以共同开设课程，共享资源和设备，提供更全面和优质的教学服务；不同院系的学生可以进行跨院系的合作研究，通过各自的专业知识和技能，共同解决实际问题。

通过高校内部的合作，学生可以获得更多的实践机会和资源支持。他们可以参与到各种项目和实践活动中，接触到真实的问题和挑战，锻炼实践能力和创新思维。同时，高校的资源整合也能够提供更全面和丰富的学习资源，满足学生多样化的学习需求。

（四）社区合作

国外高校积极与社区建立合作伙伴关系，开展社区服务和实践项目。通过与社区合作，学生可以接触到真实的社会问题和需求，理解社会发展的现状和挑战，并通过实践行动为社区发展做出贡献。

在国外高校中，社区合作是一种重要的社会责任和义务。高校会与周边社区建立长期稳定的合作伙伴关系，通过开展各种社区服务和实践项目，为社区提供支持和帮助。

这些社区服务和实践项目可以涵盖多个领域，如教育、医疗、环境保护、社会公益等。学生可以参与到这些项目中，与社区居民共同合作，解决实际问题，提供各种服务和支持。通过与社区的密切联系，学生可以深入了解社会发展的现状和挑战，培养社会责任感和团队合作精神。

通过社区合作，学生不仅能够将课堂上学到的知识运用到实践中，还能够体验到社会的多样性和复杂性，培养跨文化交流和理解的能力。同时，学生的实践行动也能够为社区的发展做出积极的贡献，促进社会的进步和改善。

# 第二节　国外高校在学生实践能力培养方面的成功经验

## 一、国外高校注重理论与实践相结合

（一）强调实践导向的教学方法

国外高校注重实践导向的教学方法，通过将理论知识应用到实际问题中来培养学生的实际操作和解决问题的能力。这种教学方法着重强调学生在真实环境中解决问题的能力。

国外高校采用案例分析的方式进行教学。教师会选取实际案例，并引导学生分析和解决这些案例中的问题。通过对真实案例的分析，学生可以将理论知识与实际情况相结合，培养解决实际问题的能力。

国外高校倡导项目式学习。学生参与具体项目，在团队合作中解决实际问题。这种学习方法使学生能够在实际操作中学习和应用所学知识，培养实践能力和团队合作意识。

国外高校还鼓励学生参与实验室和工作室的实践活动。学生有机会亲身参与科研项目、创新设计和实验操作等实践性课程。这些实践活动让学生深入了解专业领域的实际问题，提升实践技能和创新能力。

（二）实践性课程设置

国外高校将实践型课程作为课程设置的重要组成部分，旨在培养学生的实践能力和应用能力。这些实践性课程包括实习、实验、创新设计和实地考察等内容，为学生提供了丰富的实践学习机会。

国外高校开设实习课程，让学生有机会在专业领域的实际工作环境中锻炼自己。学生可以在相关企业或机构进行实习，亲身体验工作内容和工作环境，提升实践能力和职业素养。

实验课程在国外高校的课程设置中占据重要地位。学生通过实验课程，参与实际操作和实验项目，深入了解专业知识和科研方法，培养实验设计和数据分析的能力。

创新设计课程是国外高校独特的实践性课程之一。学生在这门课程中进行创意思考和团队合作，提出创新设计方案并进行实践验证。这种课程培养了学生的创造力和创新能力，强调从理论到实践的转化和应用。

实地考察也是国外高校实践性课程的重要组成部分。学生有机会参观不同行业的企业、实验室或社区，了解实际工作环境和行业发展趋势，加深对专业领域的认识。

（三）产学合作项目

国外高校与企业合作开展产学合作项目，为学生提供与实际工作场景相似的学习机会。通过与企业的合作，学生可以在真实项目中应用所学知识，获得实际工作经验，并与企业建立起联系，增加就业机会。

国外高校与企业合作开展研究项目。学生有机会参与由企业发起的研究项目，与企业专家一起解决实际问题，进行科研和创新。这种合作项目既能提升学生的实践能力和科研能力，又能促进学术界与产业界的紧密结合。

国外高校与企业合作举办实践性课程或工作坊。这些课程或工作坊由企业专业人员提供指导和培训，让学生通过实际操作和实践活动，更好地了解并适应行业要求和工作需求。

国外高校还鼓励学生参加企业提供的实习项目。学生可以选择在相关企业进行实习，亲身体验职场工作，了解企业运作机制和行业要求，积累实际工作经验，并与企业建立起联系。

国外高校还鼓励学生参与创业项目。学生可以通过参加创业竞赛或创业孵化器等活动，将所学知识应用于实际创业项目中。这种创业合作项目不仅培养了学生的创新创业能力，还为他们提供了与企业家和投资方进行交流和合作的机会。

（四）实践导师指导

国外高校为学生配备实践导师，旨在指导学生在实践中的学习和发展。实践导师通常是具有专业经验和实践能力的教师或行业专业人士，他们能够为学生提供指导、建议和反馈，促进学生的实践能力培养。

实践导师会与学生进行定期的面谈和交流。他们会了解学生的实践情况，指导学生如何将理论知识应用到实际问题中，并解决在实践过程中遇到的困难和挑战。

实践导师会为学生提供实践项目的选择和安排。他们会根据学生的兴趣和专业方向，推荐适合的实践项目，并帮助学生与相关企业或机构建立联系。

实践导师还会为学生提供实践报告和反思的指导。学生在实践过程中需要撰写实践报告，总结和反思所学知识和经验。实践导师会对学生的报告进行评估，并提供针对性的指导和建议，帮助学生不断提升实践能力和表达能力。

实践导师还可以为学生提供职业规划和就业指导。他们了解行业发展趋势和就业市场需求，可以为学生提供相关行业的信息和就业机会，帮助学生规划未来的职业发展路径。

**二、国外高校提供丰富多样的实践机会**

（一）实习机会

国外高校非常注重为学生提供实习机会，以帮助他们在真实的工作环境中学习和实践。

1. 与企业合作

国外高校积极与各行各业的企业建立合作伙伴关系，为学生提供广泛的实习机会。这些合作伙伴关系包括与跨国公司、本地企业及初创企业等各类企业的紧密联系，以确保学生可以获得多样化的实习机会。

2. 行业导师指导

国外高校通常会邀请来自业界的专业人士担任导师，为学生提供实习期间的指导和支持。这些导师拥有丰富的行业经验和知识，能够帮助学生更好地适应工作环境，并指导他们在实习期间的职业发展。

3. 实践项目

国外高校鼓励学生积极参与实践项目，这些项目为学生提供了与企业合作的机会。学生可以在项目中解决实际问题，学习实践技能，并与企业专业人士进行合作，从而提升自己的专业能力和实践经验。

4. 跨学科合作

在某些情况下，国外高校会鼓励学生跨学科合作参与实习项目。这种合作可以让学生从不同领域的专业人士中获得不同的视角和想法，拓展自己的知识和能力。

（二）志愿者活动

国外高校非常重视学生参与志愿者活动，这不仅能够为学生提供宝贵的社会实践机会，还能够培养他们的领导能力、团队合作能力和社会责任感。

1. 社区服务

国外高校积极鼓励学生参与社区服务项目，为当地社区提供帮助。这些项目可以包括定期组织的社区清洁活动、义工服务以及社区发展计划等。通过参与这些活动，学生可以更好地了解社区的需求，并为社会做出积极的贡献。

2. 公益项目

国外高校通常会组织各种公益项目，学生可以通过参与这些项目来支持社会公益事业。这些项目可以涉及教育支持、环保活动、贫困帮助等领域，学生可以从中了解社会问题，提出解决方案，并实际行动起来。

3. 领导与组织

国外高校鼓励学生参与志愿者活动的同时锻炼自己的领导能力。学生可以通过组织和筹划志愿者活动，培养自己的领导潜力，并在活动中展示出良好的组织和管理能力。

4. 国际志愿者项目

一些国外高校还为学生提供国际志愿者项目的机会。学生可以参与海外的志愿者活动，了解不同文化背景下的社会问题，并为当地社区提供帮助。这种国际志愿者项目不仅能够拓宽学生的视野，还能培养他们的跨文化交流和领导能力。

（三）创新创业项目

国外高校非常重视学生的创新创业能力，并积极支持他们开展相关项目。举例说，国外高校通常采取以下这些举措。

表5-3　国外高校创新创业项目举措举例

| 创新创业中心 | 国外高校通常设立创新创业中心，为学生提供创新创业项目的支持和服务。这些中心通常拥有丰富的资源和专业知识，可以提供创业培训、导师指导、市场调研等支持，帮助学生将创意转化为可行的商业计划 |
| --- | --- |
| 创新竞赛 | 国外高校会组织各种创新创业竞赛，鼓励学生提交自己的创新项目。这些竞赛提供了展示创意和商业计划的舞台，同时也为学生提供了与投资者、企业家和行业专家进行交流和合作的机会 |
| 创业孵化器 | 一些国外高校还设立了创业孵化器，为学生提供创新创业项目的孵化环境和资源支持。学生可以在孵化器中得到专业的指导和支持，发展自己的创业项目，并获得投资和市场推广的机会 |
| 合作机会 | 国外高校积极与企业和投资者建立合作关系，为学生提供创新创业项目的合作机会。学生可以与企业合作开展创新项目，获得资金和资源支持，同时还能够利用企业的市场渠道和人脉资源，将创新创业项目转化为商业成功 |
| 创新思维培养 | 国外高校注重培养学生的创新思维能力。通过课程设置和教学方法的创新，学生可以学习到解决问题的不同方式和思维模式，激发他们的创造力和创新潜能 |
| 创业支持网络 | 国外高校通常构建了一个庞大的创业支持网络，包括校友、企业家、投资者等各类资源。学生可以通过这个网络获取创业经验分享、合作机会和资金支持，更好地推动自己的创新创业项目发展 |

### 三、国外高校强调跨学科与跨文化的实践体验

（一）跨学科项目

国外高校鼓励学生参与跨学科项目，将不同领域的知识和技能结合起来解决复杂问题。这些项目通常由多个学科的教师组成的团队指导，并要求学生在团队合作中发挥各自的专业优势。

跨学科项目的目的是培养学生的综合性思维和解决问题的能力。通过跨学科的学习和实践，学生能够超越单一学科的局限，获取更全面、多元的知识和技能。例如，在解决环境问题时，学生可以融合环境科学、社会学、经济学等不同学科的知识，提出更具创新性和可行性的解决方案。

国外高校为学生提供了丰富的跨学科项目选择。例如，学生可以参与由工程学院、艺术学院和商学院合作的创新设计项目，通过跨学科的合作，开发出更具实用性和艺术性的产品。另外，跨学科的研究项目也是学生参与的重要机会，他们可以与不同学科的研究人员一起合作，解决现实世界中的复杂问题。

通过参与跨学科项目，学生能够培养综合性思维和解决问题的能力，同时也

能够拓宽学科边界，增加自身的竞争力。这种多角度的学习和实践经验将有助于学生在未来的职业生涯中面对各种挑战时做出准确的判断和决策。

（二）国际交流与合作

国外高校积极开展国际交流与合作，为学生提供跨文化的实践体验。这些交流与合作的形式多样，包括学生交换项目、海外实习、国际研究合作等。

学生交换项目是国外高校鼓励学生参与的重要国际交流方式。学生可以在一定时间内到其他国家的合作高校学习和生活，体验不同国家的教育和文化。在这个过程中，学生需要适应新的学习环境和生活方式，与当地学生和教师进行交流和合作，锻炼跨文化交流和合作能力。

海外实习也是国际交流的重要组成部分。学生可以到其他国家的企业或研究机构实习，了解不同国家的工作方式和行业发展情况。在海外实习中，学生需要适应不同的工作文化和团队合作方式，提高自己的跨文化沟通和合作能力。

国际研究合作也是国外高校与其他国家合作的重要形式。学生可以参与跨国研究项目，与来自不同国家的研究人员一起合作开展研究。这种合作可以拓宽学生的研究视野，加深对其他国家文化和科研水平的了解，并促进学术交流和合作。

通过国际交流与合作，学生可以了解不同国家的文化、教育和工作方式，增强跨文化交流和合作能力。这种全球化的视野和经验将有助于学生在日后的职业生涯中适应不同的跨国环境，具备更广阔的发展机会。

（三）语言学习与实践

国外高校注重对学生进行语言学习与实践的培养。他们为学生提供丰富多样的语言课程和语言实践机会，使学生能够熟练掌握至少一门外语，提高跨文化交流能力。

国外高校的语言课程通常包括口语、听力、阅读和写作等方面的培养。学生可以选择适合自己水平和需求的语言课程，通过系统的学习提高语言能力。在语言学习过程中，学生需要参与到各种实践活动中，如角色扮演、小组讨论、辩论比赛等，锻炼口语表达和跨文化交流能力。

除了语言课程，国外高校还为学生提供丰富的语言实践机会。例如，学生可以通过参加语言交换项目与其他国家的学生互相学习和提高语言能力。此外，学生还可以参加语言俱乐部、语言沙龙等活动，与母语为其他语种的学生进行交流和讨论，提高自己在实际交流中的语言应用能力。

（四）国际项目合作

国外高校与其他国家的高校合作开展联合项目，为学生提供国际化背景下的实践机会。这些项目通常涉及多个学科领域，旨在培养学生的跨文化合作和领导能力。

国际项目合作的形式多种多样，例如学生可以参与跨国团队合作的创业项目，与来自不同国家和文化背景的学生一起合作创办企业或开展创新项目。在这个过程中，学生需要适应不同的商业环境和文化差异，了解并尊重其他国家的商业规则和社会习惯。

另一个例子是国际社会项目，学生可以参与国际公益组织的项目，与志同道合的学生一起参与到全球性的社会问题解决中。这种项目可以涉及教育、环保、贫困救助等领域，学生需要与来自不同文化背景的志愿者进行紧密合作，共同推动社会进步。

国际科研合作也是国外高校与其他国家合作的重要形式。学生可以参与跨国科研项目，与来自不同国家的研究人员合作开展前沿科学研究。这种合作可以加深学生对其他国家研究水平和科技创新的了解，培养科研合作和领导能力。

通过国际项目合作，学生能够锻炼跨文化合作和领导能力。他们需要适应不同的工作文化、团队合作方式和决策模式，提高自己在国际环境下的交流与协调能力。此外，国际项目合作还可以拓宽学生的国际视野，了解其他国家的经济、政治、社会等方面情况，为未来国际事务做好准备。

**四、国外高校鼓励学生参与社会实践与社区服务**

（一）社区服务项目

国外高校非常重视学生参与社区服务项目，这些项目旨在为社区提供专业技术支持和社会服务。学生可以通过参与社区服务项目，了解社区的发展需求，解决实际问题，培养社会责任感和关爱他人的意识。

社区服务项目通常由高校与社区合作伙伴共同组织。高校会与社区进行沟通和交流，了解社区的需求和问题，然后通过课程设置、实践活动等方式，鼓励学生参与社区服务。这些项目涵盖各个领域,如教育、医疗、环境保护、社会公益等。

学生参与社区服务项目的形式多种多样。他们可以担任志愿者,为社区居民提供各类支持和帮助;也可以组织义工团队,开展社区清洁、环境整治等活动;还可以提供专业技术支持,协助社区解决相关问题。通过这些活动,学生能够亲身体验社区的实际情况,了解社区居民的需求和挑战,同时也为社区发展做出积极贡献。

参与社区服务项目对学生的成长具有重要意义。首先,通过与社区居民接触和合作,学生可以培养关爱他人、乐于助人的精神,增强社会责任感。其次,社区服务项目提供了实践机会,让学生将所学知识与实际问题相结合,提升解决问题的能力和专业技术水平。最后,社区服务项目也为学生建立社会网络和人脉资源提供了机会,为将来的职业发展打下基础。

(二)社会实践活动

国外高校非常注重学生参与各类社会实践活动,这些活动旨在让学生亲身体验社会的多样性和变化,了解社会现实和就业市场需求。

社会实践活动通常由高校组织,包括参观考察、行业交流、社会调研等形式。高校会与企业、社会组织等进行合作,安排学生参观相关企业、机构,了解其运作模式和行业发展动态。此外,高校还会组织学生进行行业交流活动,邀请行业专家或成功人士与学生进行面对面的交流和分享经验。另外,高校也鼓励学生进行社会调研,深入了解社会问题和市场需求,为将来的职业发展做好准备。

通过参与社会实践活动,学生能够拓宽视野,了解不同行业和社会领域的运作情况。他们可以亲自感受并理解现实中的挑战和机遇,从而更好地规划自己的职业发展路径。此外,社会实践活动还可以锻炼学生的实践能力和沟通交流能力,培养团队合作精神和创新思维。

(三)社会创新项目

国外高校鼓励学生参与社会创新项目,通过创新解决社会问题。学生可以运用所学知识和技能,开展社会创新活动。国外高校为学生提供支持和资源,帮助他们将创新想法转化为实际行动,并培养他们的创新能力和社会责任感。

社会创新项目通常由高校的创新中心或社会创新实验室承担组织和指导工

作。高校会鼓励学生提出创新想法并形成团队，然后为团队提供创新培训、导师指导、资源支持等。这些项目可以涵盖各个领域，如科技创新、社会企业、可持续发展等。

学生参与社会创新项目的过程通常包括问题定义、创意生成、方案设计、实施和评估等阶段。在问题定义阶段，学生需要深入了解社会问题，并确定解决方向；在创意生成阶段，学生通过思考和团队合作，提出具有创新性的解决方案；在方案设计阶段，学生需要进一步完善和优化方案，并制定实施计划；最后，在实施和评估阶段，学生将方案付诸实践，并进行效果评估和改进。

通过参与社会创新项目，学生可以锻炼创新思维和解决问题的能力。他们需要思考如何将所学知识和技能应用于实际情况中，为社会带来积极的变革。此外，社会创新项目还能够培养学生的团队合作精神、沟通协调能力和领导才能，为他们未来的职业发展提供有力支持。

**四、国外高校在学生实践能力培养方面的案例**

（一）美国的创业式实践教学模式——以麻省理工学院为例

麻省理工学院（简称 MIT）的校训就是"Mind and Hand"——既会动脑、也会动手。这一实践教学的理念源于 MIT 的创办者罗杰斯的注重实用性知识的思想。实践教育应主要提倡建立在非书本基础上的学习方法，包括考验思维、行动、运动和游戏的灵巧性，进行观察、实验、发明创造和解决疑难等。"最真诚的合作，文化与智能工业的追求。"这是一种在实践中学习的教育理念，强调手脑并重，在学会书本知识的同时更要学会如何运用它们。MIT 一贯将实践教学作为实现"手脑并重"的重要手段，与此同时，还尽可能地为学生提供参与实践的机会，小到课堂，大到参与大型实践项目，使学生不仅动脑、还要动手，在实践中学习，在实践中创新。

MIT 的创业式实践教学模式在其创业家发展项目上可见一斑。MIT 所开设的工程类创业教育项目为校友基地和院系的发展提供了良好的典范。这个项目，或者说是学院的文化对本科生和研究生都产生了相当大的影响。支持性的创业活动已经成为 MIT 文化的一部分。

MIT 采用了多种方式鼓励这种文化的传播。其中，发展态势最为良好的是

MIT 德什潘德（DeshPande）技术革新中心。该中心资助的研究人员手上必须有研究项目，而这些项目是经过专家评估后具有潜在的研究价值和投产价值。该中心的主要目标之一是在可行的情况下使学校研究者的视野超出工业界，而不是仅仅关注技术的转让与投产。

设在斯隆管理学院内的创业者中心有以下几个目标：鼓励学生和院系参与创业活动，为电子商务行业提供研究和教育项目，提供各种项目以指导想创业开公司的学生和校友。MIT 创业者中心的主任说："MIT 的科学家、工程师和管理者相信仅仅发明一个新产品，提出一个新设想，开发一种新技术是不够的，衡量成功的标准是他们的革新是否能在全球得到推广并被广泛接受。"同时，MIT 并不满足于各种知识和专利所衍生出的产品。MIT 希望这些专利能应用于实际，而且它也一直努力培养自己的教职员和学生，使他们能够成功地让各种风险投资投有所值。

综上所述，MIT 的使命是"致力于在科学、技术及其他学术领域方面的知识开拓和学生培育，为 21 世纪的美国和世界提供最好的服务"。在 MIT 手脑并重的实践教学理念指导下的创业式实践教学模式，鼓励学生参与项目、进行自主学习，在强大的压力下激发学生更大的潜力，成就学生学业的同时也成就了其事业的发展。

（二）英国的科研式实践教学模式——以剑桥大学为例

"能力本位教育"这一观点源自世界职业领域的改革。"能力本位以某一社会或职业群的知识与技能为目标取向，在进行职业分析的基础上，将职业能力进行分类与量化然后进行课程组合。"随着教育改革的不断推进，人们对能力本位的认识不断加深，能力本位被赋予新的内涵，从单一的职业领域进入了整个教育领域，正逐渐成为社会和个人的共同追求。而能力本位以受教育者个性发展为出发点，以充分发挥主体性为主要手段，以创新能力的培养为主要目的。

"教学与研究系统有机结合起来"，这是卡文迪许实验室第一任主任麦克斯韦的首创。麦克斯韦在就职演说中谈到科学在学校的教学中是否具有重要地位时，他希望"我们中的一些人看到追求科学是我们生活中的重要事业"。他强调教学与研究的结合，并在实验室首创将教学和科学研究系统地结合起来，让学生投入前沿的研究之中。这一做法对实验室培养大批优秀人才起了重大作用，也成为实验室的一大优良传统，并在后继实验室主任的工作中发扬光大。在卡文迪许实验室，学生用自己制造的引起差错的仪器做实验比起用经过别人仔细调整过的更可靠的仪器所学到的东西常常要多得多。

综上所述，卡文迪许实验室相当于英国剑桥大学的物理学院，是世界上最著名的实验室之一。其著名原因不仅是由于该实验室曾研究出许多重大的科学成果，而且该实验室在一个多世纪的光辉历程中，造就了好几代出类拔萃的科学人才，其中获得诺贝尔奖的就有 28 位，被誉为世界"科学家的摇篮"，享有世界"科研中心"、培养人才的"苗圃"等美称。卡文迪许实验室长期以来形成了一整套以实验为基础，注重实验和理论相结合的研究方法，使实验室科研成果累累、人才辈出。

（三）德国的企业式实践教学模式——以德国应用科技大学为例

德国应用科技大学（简称 FH），基本属于本科层次的应用科技大学，是德国高等职业技术教育的主体，以培养大中型企业技术骨干或小型企业管理者及技术骨干为目标，自 20 世纪 70 年代产生以来，发展迅猛，逐渐成为高等教育的一个重要组成部分。

"不以文凭论，不以学校论"来评判学校及学生是德国两大特色。早在 1981 年，德国科学评议委员会就对它如下定位：FH 和其他大学类高校是"不同类型但是等值"的高等学校。FH 的实践教学模式是基于职业主义导向的企业式教学模式。企业式教学是指企业和学校以合作的形式对青年人进行职业培训，学生在职业学校接受专业理论和文化知识教育，在企业中接受职业技能培训。这是一种将企业与学校、理论知识与实践技能紧密结合，以培养应用型专门人才为目标的职业教育模式。

这种教育模式的核心在于学校与企业共同培养学生。学生要进入职业学校，首先需寻求接收企业并与之签订合同，录用为企业预备员工，然后由企业或个人找职业学校就读。学校执行文化部教学大纲，以理论教学为主，课程涉及所学职业知识和普通文化知识；企业执行职业培训大纲规定的职业教育课程，以技能培训为主。二者以企业培训为主导，实训课一般占课时总量的 60%～70%，学生一般在企业工作 3.5 天，在学校学习 1.5 天。在这种模式下，学生在学校所学的专业理论知识可以在企业培中获得实训，并可以得到企业的生产和技术人员的现场指导，真正做到"理论联系实际"，符合职业教育的人才培养规律。这种理论与实践并举，突出职业教育培训价值的教育模式使德国职业人才有较高的质量保证。为了协调企业与职业学校之间的协作关系，德国制定了完备的法律法规，如《教育法》《职业培训条例》《劳动促进法》等，对双方的职责及相关的激励与制约措施进行了明确规定，实行依法治教。完备的法律法规体系为德国企业式职业教育模式提供了坚实保障。

综上所述，德国 FH 模式的实践教学特色可以概括为"企业主导、注重实践、过程管理型"。首先，企业主导的 FH 整个实践教学过程。其次，企业是 FH 实践教学经费的主要来源。再次，企业视接受和指导 FH 学生实习培训为己任。最后，企业是评价、考核实践教学成果的主体。

# 第六章　思想政治教育学相关实践理论

## 第一节　思想政治教育实践理论的历史演进和主要代表人物

### 一、思想政治教育实践理论的起源和背景

（一）思想政治教育实践理论的起源

思想政治教育实践理论的起源可以追溯到古代哲学思想中的政治教育观念。在古希腊，柏拉图和亚里士多德等哲学家提出了关于政治教育的思考。柏拉图主张实施"哲人统治"，他认为只有哲学家才能真正了解智慧和公正的本质，因此哲学家应该成为国家的领导者，通过思想来引导国家塑造一个完善的政治体制。亚里士多德则主张通过政治参与来培养公民品质，他提出了"中庸"思想，强调个体和整体的平衡发展，倡导人与人之间的友爱和合作。

在中国古代，孔子是儒家学派的创始人，他注重个人修养和道德伦理的培养，他提倡"仁爱"和"礼治"，将政治教育与道德教育相结合，强调个人的"修身齐家治国平天下"。

（二）思想政治教育实践理论的背景

思想政治教育实践理论的形成离不开社会历史和时代背景的影响。在现代社会，随着工业革命的发展和科技进步，社会变革加速，人们逐渐意识到思想政治教育对于个人和社会的重要性。

尤其是 20 世纪以来，大规模社会变革事件不断涌现，促使人们对思想政治教育实践的研究与探索加快了步伐。在这样的背景下，学者们开始关注如何培养公民的思想品质、价值观和道德素养，以应对社会变革带来的挑战。

此外，全球化的发展也为思想政治教育实践提供了新的背景。在不同文化、不同价值观交融的过程中，人们更加关注如何培养个体的全球公民意识、跨文化交流能力和社会责任感，以应对全球性的挑战和问题。

**二、经典思想政治教育实践理论的代表人物及其贡献**

**（一）孔子**

孔子是中国古代儒家学派的创始人，他注重个人修养和道德伦理的培养，提倡"仁爱"和"礼治"，将政治教育与道德教育相结合。他的思想对中国传统社会的政治教育产生了深远的影响，并在后来的中国历史中成为重要的思想资源。

**（二）柏拉图**

柏拉图是古希腊哲学家，他提出了"哲人统治"的政治教育观念。柏拉图提倡通过哲学家的思想引导为国家打造完善的政治体制。他的理论强调了统治者的智慧和道德素养对社会的重要性，对后世的政治教育实践产生了深远的影响。

**（三）亚里士多德**

亚里士多德是古希腊哲学家，他主张通过政治参与来培养公民品质。他提出了"中庸"思想，强调个体和整体的平衡发展，倡导人与人之间的友爱和合作。亚里士多德对政治教育的思考强调个人与社会的关系，以及公民参与政治活动的重要性。他的观点对后来的政治教育实践理论起到了重要的启示作用。

**（四）约翰·洛克**

约翰·洛克是 17 世纪英国哲学家，他主张个人的自由和平等权利，并提倡通过教育培养公民意识、民主精神和批判思维，以保障社会的稳定与发展。洛克的观点强调了个人权利和责任的平衡，以及教育对培养社会公民的重要作用。他的理论为后来民主社会的政治教育实践提供了重要参考。

**三、现代思想政治教育实践理论的发展趋势**

**（一）注重整体素质教育**

现代思想政治教育实践理论强调培养学生的综合素质，包括道德品质、社会责任感、创新能力和国际视野等，以适应快速变化的社会需求。在这一趋势下，教育者将更加注重学生的全面发展，不仅关注其学术能力，还注重培养学生的能力、兴趣和价值观。

（二）强调多元文化教育

在全球化背景下，现代思想政治教育实践理论关注多元文化的重要性，提倡尊重和包容不同的文化和价值观念，培养学生的跨文化交流和理解能力。这一趋势要求教育者在教育实践中融入多元文化元素，引导学生了解和尊重不同文化，开阔他们的国际视野，提高他们的跨文化交流能力。

（三）融入信息技术

现代思想政治教育实践理论将信息技术与教育相结合，利用互联网、智能设备等工具提供优质教育资源和交流平台，促进学生自主学习和思辨能力的培养。这一趋势要求教育者积极运用先进的信息技术手段，创新教学方式，从而提高学生获取知识和解决问题的能力。

（四）关注全人发展

现代思想政治教育实践理论强调个体的全面发展，包括身心健康、情感管理、创造力和领导能力的发展，以培养有社会责任感且具备自主意识的公民。这一趋势要求教育者关注学生的综合素质发展，不仅要注重学生的学业成绩，还要注重培养学生的生活技能、人际交往能力和创新能力。

**四、思想政治教育实践理论在国际上的影响与应用**

（一）西方国家

在西方国家，思想政治教育实践理论广泛应用于高校教育、社会组织和政府机构中。西方国家注重培养公民的参与意识、批判思维和社会责任感，通过不同形式的教育活动和实践项目来推动思想政治教育的落地。同时，他们注重培养学生的公民素质，使其积极参与社会事务。

（二）亚洲国家

在亚洲国家，特别是中国、日本和韩国等国家，思想政治教育实践理论受到广泛关注并被充分应用，他们注重培养国民的国家认同感、社会责任感和公民素质，通过教育系统改革和社会实践活动来推动思想政治教育的发展。同时，他们也重视培养学生的创新能力和国际交流能力，使他们能够适应全球化的社会环境。

（三）国际组织

在国际组织中，如联合国教科文组织、世界银行等，也对思想政治教育实践理论给予了重视。这些组织通过支持教育项目、提供经验交流平台和制定相关政策文件等方式，推动思想政治教育在全球范围内的发展与合作。同时，他们也倡导跨国合作，促进各国在思想政治教育领域的经验交流和共同发展。

（四）影响与应用

思想政治教育实践理论的影响与应用已超越国界，成为全球教育领域的重要议题。不同国家和地区根据自身的教育体制和文化背景，将思想政治教育实践理论融入教育课程、高校管理和社会实践中，以培养具有良好思想道德和公民意识的新一代人才。未来，随着全球化和社会变革的不断深化，思想政治教育实践理论仍将持续发展。我们应重视跨学科研究和理论创新，充分结合科技进步和社会需求，推动思想政治教育实践理论与实际工作的密切结合，为培养具有高度思辨能力和社会责任感的公民做出更大贡献。

# 第二节　马克思主义哲学实践观及其对大学生社会实践的指导

## 一、马克思主义哲学实践观的基本要点

（一）实践是人类认识世界和改造世界的基础

马克思主义哲学实践观强调实践在认识世界过程中的重要性，认为只有通过实践才能获取对世界的真实认识。实践是人们通过直接接触和实际操作与客观世界相互作用的过程，是人们通过劳动和实际行动改造世界的具体方式。

（二）实践的本质是人类与自然的相互作用

马克思主义哲学实践观认为，人类通过实际行动改造自然，并受到自然的制约和影响。实践既是人类对自然界的主动改造，也是人类对自然界规律的被动认识。实践是人类与自然界相互关系的核心，只有通过实践才能揭示出事物的本质和规律。

（三）实践包括物质生产实践、社会实践和科学实践等多个方面

马克思主义哲学实践观强调不仅要注重经济领域的实践，还要关注社会实践

和科学实践。物质生产实践是人类对自然界的改造和创造，社会实践是人们在社会生活中进行的各种实践活动，科学实践是人们通过科学研究和实验等手段来认识和改造世界。

（四）实践具有实用性和创造性

马克思主义哲学实践观认为，实践不仅是为了认识和改造世界，更重要的是为了解决实际问题，推动社会进步。实践要求我们在解决实际问题的过程中不断总结经验、创新方法，不断追求实践的效果和社会的发展。只有在实践中不断探索和总结，才能不断推动社会的进步和发展。

**二、马克思主义哲学实践观对大学生社会实践的指导与借鉴意义**

（一）指导意义

1.提升学生对社会问题的认知能力

马克思主义哲学实践观指导大学生深入社会实践，使其通过实践活动了解社会现实，增强社会责任感和使命感。通过参与社会实践，大学生可以亲身感受社会的现实问题，了解社会的多样性和复杂性，培养对社会发展的关注和责任感，并提高自己对社会问题的认识和理解。

2.提升学生的实践和创新能力

马克思主义哲学实践观鼓励大学生积极参与社会实践，提高实践能力和创新能力，培养解决问题的能力和实际操作的技能。通过实践活动，大学生可以锻炼自己的实践能力和创新能力，提高自己的实际操作能力和问题解决能力，为将来的工作和社会生活做好充分准备。

3.引导学生树立终身学习的理念

马克思主义哲学实践观引导大学生将终身学习和实践相结合，在实践中提升专业素养，拓宽知识广度和深度，培养综合能力。大学生在进行社会实践的过程中，应该将自己所学的理论知识与实践相结合，将学习到的知识应用到实践中去，不断提升自己的专业素养和综合能力。

4.引导学生树立正确的世界观、人生观和价值观

马克思主义哲学实践观认为，大学生社会实践是实施思想政治教育的有效途径，可以加深对马克思主义理论的理解和应用。通过参与社会实践，大学生可以

更加深入地理解和应用马克思主义理论，增强对马克思主义理论的认同，培养正确的世界观、人生观和价值观。

（二）借鉴意义

1.为学生社会实践提供启示，促进实践教育的发展和创新

国外马克思主义哲学实践观注重将理论与实践相结合，强调通过实际操作来加深对理论的理解和应用。这种实践教育的模式和方法对于培养学生的实际操作能力、创新思维和解决问题的能力具有重要意义。我国大学生社会实践可以借鉴国外经验，将马克思主义哲学实践观融入实践活动中，帮助学生更好地理解和应用理论知识。

2.培养学生实际操作能力和创新思维，提高社会实践质量

国外马克思主义哲学实践观注重培养学生的实际操作能力和创新思维。他们通过项目化教学、实践导向课程等方式，使学生在实践中学习和应用知识，锻炼解决问题的能力。我国大学生社会实践可以借鉴这种教育模式和方法，设计出更加具有实践性和创新性的实践项目，提高学生的实践能力和综合素质。

3.在诸多经验方面为学生社会实践提供参考

国外马克思主义哲学实践观在社会实践的项目设计、实施管理、评价与反思等方面积累了丰富的经验。他们注重将实践项目与课程融合，建立科学有效的实践管理机制，采用多种评价手段对实践效果进行评估，并重视学生对实践经验的反思和总结。我国大学生社会实践可以借鉴这些经验，加强对实践项目的规划和管理，建立科学的评价体系，推动实践教育质量和效果的提升。

**三、马克思主义哲学实践观在大学生思想政治教育中的运用案例分析**

（一）帮助学生理解和应用马克思主义哲学实践观

通过组织大学生参与社会实践项目，教育者可以将马克思主义哲学实践观与实际情境相结合，让学生切身体验和感受到理论的实际意义。例如，在社区服务活动中，可以引导学生关注社会问题，了解社区居民的需求和困境，从而增强他们对马克思主义哲学实践观的理解和认同。

（二）组织学生参与公益活动，引导他们理论用于实践

通过组织大学生参与公益活动，可以引导他们认识社会问题，关注社会弱势

群体，并通过实践行动追求社会公平与正义，培养他们的社会责任感和公民意识。例如，组织学生参与扶贫活动或志愿服务，让他们亲身感受到社会不平等现象对大众的影响，了解社会弱势群体的困境，激发他们对社会公平与正义的追求。这样的实践过程有助于学生深入理解马克思主义哲学实践观，并将其转化为实际行动。

（三）培养学生实践创新能力和解决问题的能力

在大学生社会实践中，教育者可以设置一些具体的问题和挑战，要求学生进行调查研究、分析问题，并提出解决方案。通过这样的实践过程，学生能够深入实际，了解并解决实际问题，培养实践创新能力和解决问题的能力。这符合马克思主义哲学实践观的要求，将理论知识与实际问题相结合，促使学生在实践中不断创新和成长。

（四）帮助学生从实践中总结经验，提升认知

在大学生社会实践结束后，教育者可以组织学生进行经验分享和反思活动。通过分享自己的实践经历，学生可以互相借鉴和学习，在交流中发现自己的不足和改进之处。同时，通过反思活动，学生可以从实践中总结经验教训，提高自我认知和成长意识。这样的活动有助于加深学生对马克思主义哲学实践观的理解，并为他们今后的实践活动提供指导。

（五）培养学生的创业精神和实际操作能力

马克思主义哲学实践观注重将理论与实践相结合，强调通过实际操作来加深对理论的理解和应用。在大学生创新创业教育中，教育者可以借鉴这一观点，通过组织学生参与创业项目、模拟实践等方式，培养他们的创业精神和实际操作能力。这样的教育模式有助于学生更好地理解和应用马克思主义哲学实践观，并为他们未来的职业发展做好准备。

# 第三节　杜威实用主义教育哲学观及其对大学生社会实践的启发

## 一、杜威实用主义教育哲学观的核心理念

### （一）经验主义和实用主义的结合

美国哲学家、教育家、心理学家杜威的教育哲学观主张将经验主义和实用主义结合起来。杜威认为，教育的目的是培养学生的实际能力和解决问题的能力，而不仅仅是传授知识。经验主义强调通过直接经验和亲身实践来获取知识，实用主义则注重知识的应用和解决实际问题的能力。杜威认为，通过亲身实践和经验的积累，学生才能真正掌握知识和技能。

### （二）以学生为中心的教育

杜威主张以学生为中心的教育，强调学生的主动参与和自主学习。他认为，教师应该倾听学生的声音，并根据学生的兴趣和需求来设计教学活动，激发学生的学习动力和积极性。在教学过程中，教师应该关注学生的个体差异，给予他们个性化的指导和支持，让每个学生都能得到适合自己的教育。

### （三）问题解决和社会实践的重要性

杜威认为，学习的最终目的是培养学生解决问题的能力。他主张将学习与社会实践相结合，让学生通过实际的问题解决活动来学习和成长。在实践中，学生将面临各种问题和挑战，需要运用所学的知识和技能来解决实际问题。通过这样的实践，学生将不仅增强自己的实际能力，还能理解知识的应用场景和意义。

### （四）合作学习和民主教育

杜威主张通过合作学习和民主教育的方式培养学生的合作精神和民主意识。他认为，学生应该在与他人的合作中学会倾听、沟通和合作，培养良好的社交技巧和团队意识。通过合作学习，学生可以相互借鉴经验，互相提供支持，共同完成学习任务。民主教育则强调学生的参与和自治，在教育过程中给予学生更多的

决策权和自主权，培养他们的民主意识和责任感。

**二、杜威实用主义教育哲学观对大学生社会实践的启发及实践模式构建**

（一）激发学生的实践热情和创新思维

杜威的实用主义教育哲学观强调让学生通过实践来学习和解决问题。对于大学生而言，社会实践是他们接触真实社会、了解社会问题的重要途径。教师可以通过设计具有实际意义的社会实践项目，激发学生的实践热情和创新思维，让他们在实践中感受到知识的力量和实践的意义。例如，可以组织学生参与社区服务活动、实习实训、创业实践等，让他们在实践中锻炼能力、提升自信。

（二）培养学生的批判思维和问题解决能力

杜威认为，学生应该通过解决问题的实践活动来培养批判思维和问题解决能力。在大学生社会实践中，教师可以引导学生选择并研究具有挑战性的社会问题，鼓励他们从多个角度思考问题，并提出创新的解决方案。通过这样的实践活动，学生将逐渐形成批判思维和问题解决的能力。例如，可以组织学生参与社会调研、政策研究、创新设计等活动，让他们在实践中培养分析和解决问题的能力。

（三）促进学生的合作与交流能力

杜威主张通过合作学习来培养学生的合作与交流能力。在大学生社会实践中，教师可以组织学生分组开展实践活动，鼓励他们相互合作、交流和分享经验。通过团队合作的实践，学生将学会倾听他人的意见，学会与人合作，并培养自己的领导才能。例如，教育者可以组织学生参与团队项目、社会调查研究、公益活动等，让他们在实践中锻炼与他人合作的能力。

（四）建立反思和评价机制

杜威认为，反思和评价是教育过程中不可或缺的一部分。在大学生社会实践中，建立反思和评价机制可以帮助学生总结实践经验，深化对其所学知识和技能的理解，促进个人成长和发展。教师可以通过组织讨论、写作、分享等方式，引导学生对实践活动进行反思和评价。同时，教师也可以提供具体的评价标准和指导，帮助学生更加全面地认识自己的表现，并提出改进意见。通过反思和评价，学生可以发现自身的优势和不足，并有针对性地改进。

### 三、国内外对杜威实用主义教育哲学观的研究与应用案例分析

（一）国内杜威实用主义教育哲学观的研究

在中国，杜威实用主义教育哲学观的研究受到了广泛关注和充分的应用。许多教育学者通过对杜威的理论进行深入研究，提出了一系列与实际教育相结合的教学方法和实践模式。例如，在教育实践中，一些高校采用了以问题为导向的教学方法，鼓励学生通过解决实际问题来学习和成长。

（二）国外杜威实用主义教育哲学观的研究

在国外，杜威实用主义教育哲学观的研究和应用也有着悠久的历史。在美国，杜威的理论对教育领域产生了深远的影响。他的实用主义教育哲学观强调学生的个体发展和积极参与，提倡以学生的兴趣和需求为中心进行教学。许多教育学家和教师通过研究和应用杜威的理论，开展了一系列创新的教学实践。例如，基于杜威的理论，一些高校推行了以项目为导向的学习，让学生通过实际问题和项目的实践来获得知识和技能。此外，在其他一些国家也有人致力于研究和应用杜威的实用主义教育哲学观。他的理论被视为一种教育方法论，旨在培养学生的批判思维、问题解决能力和社会责任感。在教育实践中，一些高校和教育机构尝试将杜威的理论与当地的教育环境相结合，开展创新的教学活动和课程设计，以提升学生的学习成果和能力。

（三）国内对杜威实用主义教育哲学观的应用案例分析

在中国，杜威实用主义教育哲学观的应用案例丰富多样。一方面，各级教育机构和广大高校积极推进教育改革，以杜威的理论为指导，注重培养学生的实践能力和解决问题的能力。例如，一些高校开设了社会实践课程或选修课程，通过社区服务、企业实习等实践活动，让学生亲身体验社会，培养实际操作能力。

另一方面，一些教育研究机构和教育实践者结合杜威的实用主义教育哲学观，探索出了一些具有特色的教学模式和项目。例如，以项目制为基础的教学模式，要求学生通过团队合作完成一个真实的项目，从中学习并解决问题。还有一些教育机构开展创新创业教育，鼓励学生通过创业实践来培养实际能力和创新精神。

（四）国外对杜威实用主义教育哲学观的研究与应用案例分析

国外对杜威实用主义教育哲学观的研究和应用案例同样丰富多样。在美国，

杜威的理论对教育改革产生了深远影响。例如，一些高校采用以项目为基础的学习，让学生通过团队合作解决真实问题，培养实践能力和解决问题的能力。

此外，一些教育机构和非营利组织也积极探索与应用杜威的实用主义教育哲学观。例如，一些大学开设了社区服务课程，让学生参与社区服务项目，将课堂知识与实践结合起来，培养学生的社会责任感和实践能力。还有一些教育机构推动学生参与全球性的社会实践项目，通过国际性的交流与合作，培养学生的跨文化沟通能力和全球视野。

（五）对杜威实用主义教育哲学观的总结和展望

杜威实用主义教育哲学观提出了以学生为中心、注重实践和问题解决能力的教育理念，对大学生社会实践具有重要的启发作用。通过社会实践，学生可以与真实社会接触并解决实际问题，在行动中培养实践能力、批判思维和合作交流能力。

未来，随着社会的不断发展和教育改革的深入推进，对杜威实用主义教育哲学观的研究和应用将变得更加重要。教育者可以持续关注和借鉴国内外的研究成果和实践经验，不断探索适合本地教育环境的教学方法和实践模式，努力培养具有创新能力和实践能力的高素质人才。

# 第四节　国内外思想政治教育实践理论的比较与分析

## 一、国内外思想政治教育实践理论的渊源与发展历程比较

（一）国内思想政治教育实践理论的渊源与发展历程

在中国，思想政治教育实践理论的渊源可以追溯到古代儒家学派。儒家思想强调个人修养、道德伦理和社会责任，对于个体如何成为一个合格的社会成员有着深刻的关注。儒家倡导的仁爱、孝顺、忠诚等传统价值观念对思想政治教育起到了重要的指导作用。

随着中国现代化进程的推进，20世纪以来，思想政治教育实践理论逐渐形成，并通过宪法、法律、教育改革等方式得到正式的确立和发展。中华人民共和国成

立后，为了培养具有正确世界观、人生观、价值观的公民，思想政治教育成为国家教育体系的重要组成部分。各级政府和教育机构开始制订相关政策和课程，推动思想政治教育的开展。

改革开放以后，中国社会面临着新的挑战和问题，思想政治教育也在不断调整和发展。为了适应社会主义市场经济发展的要求，思想政治教育开始注重培养学生的创新意识、实践能力和社会责任感，以提升他们的综合素质和竞争力。

（二）国外思想政治教育实践理论的渊源与发展历程

在国外，思想政治教育实践理论的发展也有其独特的渊源和历程。西方国家借鉴了古希腊哲学思想、启蒙时代的人文主义理念以及民主制度的发展经验，并将其应用于思想政治教育。近代西方思想政治教育实践理论的发展主要集中在对公民意识、人权、社会正义等方面的研究和实践上，形成了一系列重要理论。

在古希腊，柏拉图和亚里士多德等哲学家关注个体的道德修养和社会责任，他们的思想对后来西方国家的思想政治教育产生了深远影响。而在启蒙时代，人文主义思想强调人的尊严和自由，提倡个人独立思考和自主选择。这些思想为西方国家的思想政治教育提供了理论基础。

近代以来，西方国家在思想政治教育实践上积极探索，形成了一系列重要理论。例如，美国的公民教育理论注重培养学生的公民意识、参与能力和社会责任感，以使他们成为积极参与民主社会的优秀公民。欧洲的人权教育理论强调尊重人权、反歧视和促进平等，旨在培养学生的人权意识和行动能力。

（三）国内外思想政治教育实践理论的比较

国内外思想政治教育实践理论在渊源和发展历程上有所不同。国内理论发展受到中国传统文化和社会制度的影响，注重对个体的道德教育和国家意识的培养。儒家思想的影响使得国内思想政治教育侧重于培养公民品质、弘扬传统价值观和社会责任感。

相比之下，国外的思想政治教育实践理论更加注重公民意识、人权和社会正义的培养。西方国家的思想政治教育着重于培养学生成为具有独立思考能力、自主选择能力和参与能力的公民。他们强调个体的尊严、平等和人权，着力推动社会的公正和包容性发展。

此外，国内外思想政治教育实践理论在实践方法上也存在一些差异。国内思想政治教育实践理论注重集体教育和整体培养，主要通过课堂教学、党团组织、社会实践等方式开展。而国外思想政治教育实践理论更加注重个体的发展和自主性，倡导学生积极参与民主决策、社区服务和公益活动等。

## 二、国内外思想政治教育实践理论的主要特点与区别分析

### （一）国内思想政治教育实践理论的特点与区别

#### 1.重视道德伦理教育

国内思想政治教育实践理论注重培养个体的道德伦理观念和行为规范。强调培养学生具备良好的品德素养，包括诚信、友善、勤奋等。这种特点源于儒家传统文化的影响，儒家思想中强调"修身齐家治国平天下"，强调个体的道德修养对社会的影响。

#### 2.强调国家意识

国内思想政治教育实践理论注重培养学生的公民责任感和国家认同感。通过教育，培养学生对祖国的热爱和忠诚，使其具备对国家稳定、发展和繁荣负责的意识。这种特点反映了中国特定的历史和文化背景，强调个体与国家的紧密联系和相互关系。

#### 3.结合传统文化

国内思想政治教育实践理论借鉴了儒家思想和中国传统文化，并将其融入教育实践中。通过传承和弘扬优秀的传统文化，培养学生对中华文化的认同感和自豪感，使他们具备优良的传统价值观念和道德规范。这种特点反映了中国在思想政治教育中注重传统文化传承和弘扬的重要性。

### （二）国外思想政治教育实践理论的特点与区别

#### 1.强调公民意识

国外思想政治教育实践理论注重培养公民个体的参与意识和民主价值观。强调公民的权利和义务，鼓励学生积极参与社会事务、民主决策和公共事务，培养他们作为公民的责任感和行动能力。

#### 2.重视人权和社会正义

国外思想政治教育实践理论更加关注社会不平等、歧视和不公正现象，倡导

人权保护和社会正义的实现。通过教育，培养学生对人权的认识和尊重，激发他们关注社会公平和正义的意识，并促使他们采取行动来改善社会问题。

3. 基于多元文化

国外思想政治教育实践理论强调尊重和包容不同的文化和价值观念，倡导跨文化交流和理解。通过教育，培养学生的国际视野和跨文化沟通能力，使他们能在多元文化的环境中理解和尊重他人，并与他人进行良好的合作。

### 三、国内外思想政治教育实践理论的借鉴与融合探讨

（一）借鉴国内外经验

1. 对公民意识的借鉴与融合

中国可以借鉴国外在公民意识培养方面的研究和实践经验。例如，西方国家注重培养公民对政治、法律、社会问题的了解和参与能力，通过高校和社区等途径开展公民教育和参与实践活动。这些经验可以借鉴到中国的思想政治教育中，帮助大学生建立起积极的公民意识，增强他们对国家、社会和个人责任的认识。

2. 社会正义的借鉴与融合

国外一些发达国家关注社会正义，倡导平等、包容和多样性的价值观。中国可以借鉴这些理念，推动大学生思想政治教育中对社会正义的关注和讨论。通过引导大学生思考社会不平等、权益保障和社会公平等问题，培养他们的社会责任感和公平正义的观念。

3. 文化与道德伦理教育的借鉴与融合

中国传统文化和道德伦理教育具有悠久的历史和深厚的底蕴，可以为国外的思想政治教育提供借鉴。例如，中国强调家庭伦理、孝道、中庸之道等价值观念，可以为国外的道德伦理教育提供借鉴，促进个体的道德修养、社会责任感和自律能力的提升。

（二）融合发展

在国内外思想政治教育实践理论的融合发展中，可以通过以下方式将国内外关于思想政治教育理论与实践融合发展的优势相结合。

表 6-1　国内外教育实践理论融合方式

| 国内外教育实践理论融合方式 | |
|---|---|
| 对话交流 | 组织国内外专家、学者进行对话交流，分享各自的研究成果和实践经验。通过多角度的讨论和碰撞，形成更具包容性和开放性的思想政治教育理论 |
| 共同研究 | 开展跨国合作项目，共同研究思想政治教育的重要问题和挑战。通过跨国比较研究和案例分析，找到各国经验的共通点和差异性，为国内的思想政治教育提供启示 |
| 教材编写 | 国内外教材编写者可以加强合作，借鉴彼此的优势和特点，编写更加多元化和开放性的教材。通过引入国外典型案例和思想政治教育经验，丰富国内教材内容，满足大学生的多样化需求 |
| 交流学习 | 鼓励教师和学生参加国际学术会议、研修项目和交流访问，了解国外思想政治教育的最新发展和经验。通过与国外同行的交流学习，提升自身的教学和研究水平，为国内思想政治教育实践注入新的活力 |

### 四、国内外思想政治教育实践理论对大学生思想政治教育的启示与意义

（一）培养公民意识

大学生是社会的中坚力量，思想政治教育在培养大学生的公民意识和参与意识方面具有重要作用。要实现这一目标，可以从以下几个方面入手。

1.加强政治理论教育

大学生在校期间应该接受系统的政治理论教育，了解国家的基本制度和政策，培养对国家和社会事务的关注和参与意识。政治理论的学习，可以帮助大学生树立正确的世界观、人生观和价值观，增强其公民意识。

2.注重社会实践活动

组织学生参与社会实践活动，能让他们亲身感受社会的复杂性和多样性，提高对社会问题的认知和理解。通过参与社会实践，大学生可以学习并掌握社会参与的技巧和方法，提高自身的组织能力和领导能力。

3.建设良好的高校组织和学生自治机制

大学可以建立学生自治组织和学生代表机制，让学生参与到高校的管理和决策过程中，培养他们的公民意识和责任感。通过参与高校事务的决策和管理，大学生可以在实践中锻炼自己的领导能力和组织能力，提高公民素质。

4.加强道德与法律教育

大学生在接受思想政治教育的同时，还应该了解法律和道德的基本准则，明

确自己应当遵守的行为规范。通过培养良好的道德品质和社会责任感，大学生可以更好地履行公民义务，为社会进步和发展做出积极贡献。

（二）关注多元文化

大学生群体涵盖了各种不同背景和文化的学生，思想政治教育应尊重和包容多元文化，促进跨文化交流和理解，培养大学生的文化敏感性和跨文化合作能力。具体措施如下。

1.开设跨文化交流课程

大学可以设置跨文化交流课程，让学生了解不同文化背景下的思维方式、价值观念和行为规范，培养他们对多元文化的敏感性和包容性。

2.组织文化交流活动

高校可以组织各种形式的文化交流活动，如文化节、艺术展览、文化讲座等，提供一个平台让学生互相了解和交流，促进跨文化的交融与合作。

3.培养跨文化合作能力

大学生在课堂学习和实践活动中应注重培养跨文化合作的能力，包括语言沟通能力、文化敏感性和解决跨文化冲突的能力等。通过培养跨文化合作能力，可以帮助大学生更好地适应全球化时代的挑战。

（三）强化道德伦理教育

大学时期是大学生价值观形成和塑造的关键时期，思想政治教育应加强道德伦理教育，引导大学生树立正确的人生观、价值观和行为准则，培养良好的道德品质和社会责任感。以下是一些具体措施。

1.加强道德伦理教育课程的设置

大学可以设立专业的道德伦理教育课程，让学生深入了解道德伦理的理论基础和实践应用，培养他们的道德判断和行为规范意识。

2.强化道德实践教育

通过组织学生参与各种公益活动、志愿者服务和社会实践等实践项目，让学生亲身体验社会问题和相关挑战，培养他们的责任感和奉献精神。

3.树立榜样并积极引导

高校可以组织各类模范人物讲座、学术交流活动等，让学生接触到一些道德品质优良的榜样，引导他们向这些榜样看齐，自觉遵守社会公德和职业道德。

4.建设和谐校园文化

高校应营造积极向上、和谐友善的校园文化氛围，倡导诚信、尊重和团结的价值观念，引导学生形成正确的社交行为准则。

（四）注重创新与实践

大学生思想政治教育不仅要注重理论知识的传授。高校与教育者还应通过创新教育方法和实践活动，激发大学生的创造力和领导能力，培养他们在实际工作中运用所学知识解决问题的能力。以下是一些具体措施。

1.鼓励学生参与科研和创新项目

高校可以提供科研项目和创新实践的机会，让学生亲自参与到科学研究和创新实践中，培养他们的创新思维和实践能力。

2.推行项目式学习教育

通过开展项目式学习，将理论知识与实际问题相结合，让学生在解决实际问题的过程中进行学习和实践，培养他们的问题分析和解决能力。

3.加强实习和实训环节

高校可以与企业、社会组织等建立紧密联系，提供实习和实训机会，让学生在实际工作环境中学习并应用所学知识，培养他们的实践能力和职业素养。

4.倡导创业精神和领导能力的培养

高校可以组织创业讲座、创业比赛等活动，鼓励学生提出创新创业的想法和项目，培养他们的创业意识和领导能力。同时，可以通过开展领导力培训和团队合作项目，帮助学生培养团队协作能力和领导能力。

（五）推动个体全面发展

思想政治教育应关注大学生的身心健康、情感管理和综合素质的发展。以下是一些具体措施。

1.提供全方位的咨询和支持服务

高校可以设立心理咨询中心和学生发展指导中心，为学生提供心理辅导、职业规划等方面的咨询和支持服务，帮助他们解决问题和实现个人发展目标。

2.开展综合素质培养活动

高校可以组织丰富多彩的综合素质培养活动，包括文艺演出、体育竞赛、社会实践等，让学生在不同领域全面发展，培养他们的兴趣爱好和特长。

3.加强体育和健康教育

高校应重视体育和健康教育，推动学生积极参与体育锻炼，培养他们的身体素质和健康意识。

4.注重情感教育和人际交往能力培养

高校可以通过课程设置和社团活动等形式，培养学生的情感管理能力和人际交往技巧，帮助他们建立良好的人际关系，提高其情商和社交能力。

# 第七章　社会心理学教育相关实践理论

## 第一节　社会心理学视角下高校大学生社会实践
## 分析与研究

### 一、社会心理学在大学生社会实践中的作用及意义

（一）社会心理学理论的应用

社会心理学为大学生社会实践提供了理论支持和指导。通过社会心理学的相关理论，可以深入了解人与人之间的互动关系、群体行为、态度与行为等方面的规律，从而更好地理解和解释大学生在社会实践中的心理过程和行为。

社会实践是大学生在社会中进行实践活动并积累实践经验的重要方式。大学生参与社会实践带来了丰富的社会交往和互动，互动过程中的人际关系、群体行为和态度对大学生的成长起着重要作用。社会心理学提供了一系列理论模型和研究方法，旨在揭示大学生在不同情境下的心理过程，并解释个体与群体之间的相互影响。

社会心理学的理论可以帮助大学生更好地理解人与人之间的互动关系。例如，社会认知理论可以帮助大学生了解他人的态度、观点和期望，从而更好地理解他人的行为和反应。社会认知理论还能指导大学生如何有效地交流和沟通，提高合作能力和解决问题的能力。

社会心理学的理论可以揭示群体行为的规律。大学生参与社会实践通常需要与他人组成团队合作，团队的协作效果对于实践活动的成败至关重要。社会心理学研究了团队中的协作、沟通、领导等因素对团队绩效的影响。通过学习相关理论，大学生可以培养团队合作能力和领导能力，学习如何有效地与他人合作、协商和

解决问题。

社会心理学的理论对于理解大学生在社会实践中的态度与行为也具有重要意义。大学生的态度和行为受到多种因素的影响，包括社会认同、社会规范和个人信念等。社会认知理论、社会认同理论和行为决策理论等可以帮助大学生了解自己和他人的态度形成过程，并能预测和解释他们的行为。

（二）团队合作与领导能力的培养

在社会实践中，大学生通常需要组成团队进行合作。团队合作是一种集体行为，需要团队成员之间的协作、沟通和有效的领导。社会心理学研究了团队合作和领导对团队绩效的影响，为大学生的团队合作能力和领导能力培养提供了理论基础和指导。

团队合作是指团队成员之间相互协作以完成共同目标的过程。社会心理学的协作理论研究了团队成员之间的相互依赖关系、沟通方式和决策过程等因素对团队绩效的影响。大学生通过参与社会实践中的团队合作，可以学习如何与他人有效地交流和协调，从而发挥个人优势，实现团队的共同目标。

团队领导是指在团队中起到引导和协调作用的成员。社会心理学的领导理论研究了不同领导风格对团队绩效的影响，以及领导行为的特点和效果。大学生通过参与社会实践中的团队合作，扮演团队领导者的角色时可以学习如何激发团队成员的积极性、如何协调冲突和解决问题，从而提高自身的领导能力。

在社会实践中，大学生还可以通过反思和总结团队合作过程中的经验和教训，不断改进和提升团队合作能力和领导能力。通过与他人合作解决问题，大学生可以锻炼自己的沟通能力、协调能力和解决问题的能力，培养团队意识和团队合作精神。

（三）自我认同与身份建构

社会实践对于大学生来说是一个探索自我、树立自信和建构身份的重要途径。社会心理学研究了个体自我认同的形成和发展过程，揭示了个体如何通过社会参与和互动来塑造自己的身份。在社会实践中，大学生可以通过参与各种活动和交流，深入了解自己的兴趣、优势和价值观，并逐渐形成积极的自我认同。

社会心理学的自我认同理论认为，个体的自我认同是通过与他人进行比较和评价而形成的。在社会实践中，大学生与他人的互动和交流促使他们对自己的个性特点和价值观进行反思和认知。通过与不同的人群接触和交往，大学生可以对自己的身份进行探索和建构，发现自己的潜力，找到自己的定位。

社会实践还可以提供大学生展示和实践自己身份的机会。通过参与社会实践项目和活动，大学生有机会展示自己的专业能力、社交技巧和领导才能，从而增强自信心和自尊心。同时，实践活动中的团队合作和社会互动，能促使大学生与他人相互了解和尊重，进一步巩固和强化自己的身份认同。

（四）社会责任感与公民意识的培养

社会实践有助于培养大学生的社会责任感和公民意识。社会心理学研究了个体参与社会行为时的道德判断和社会影响因素，可有效指导大学生在社会实践中树立正确的价值观、担负社会责任，并主动参与社会问题的解决和社会进步的推动。

在社会实践中，大学生可以深入了解社会问题和相关挑战，通过亲身经历与现实情境的接触，增强对社会的认知和关注。社会心理学的道德发展理论研究了道德判断和行为的发展过程，能帮助大学生理解道德判断的基础和影响因素。大学生通过参与社会实践，可以培养和增强自己的道德意识和责任感，学会正确评估和处理道德问题。

社会实践中的社会互动和群体行为也有助于培养大学生的公民意识。社会心理学的群体行为理论研究了个体在群体中的行为和态度变化，揭示了社会压力、规范和集体行动的影响因素。通过参与社会实践，大学生可以与其他志同道合的人共同努力，共同解决社会问题，增强他们对社会利益的关注和责任心。

**二、大学生社会实践的社会心理学特点与现象分析**

（一）社会认同与集体行为

社会认同是指个体对自己所属社会群体的认同感和归属感，集体行为则是指个体在团队或群体中为实现共同目标而采取的行为。社会心理学研究了社会认同对集体行为的影响，解释了大学生在集体中遵守规则、服从指挥和协作合作的心理机制。

社会认同对集体行为起到重要的推动作用。当大学生对自己所属的社会群体有着强烈的认同感时，他们更愿意为了群体的利益而采取行动，追求集体目标。这种认同感可以来源于共同的价值观、文化背景、兴趣爱好等因素。例如，在社会实践中，当大学生认同某一公益组织的宗旨和价值观时，他们更倾向于积极参与和贡献自己的力量，并形成集体行为。

社会认同还能促使大学生服从集体规则和指挥。当个体对自己所属的社会群体具有强烈的身份认同时，他们更容易接受群体内部的规则和指挥，并遵循相关要求采取相应的行为。这是因为他们认为服从集体规则和指挥符合自己与群体共同利益的需求，也是对自己社会认同的一种表现。例如，在团队竞赛中，当大学生明确自己作为团队成员的身份认同后，他们更愿意服从团队领导的指挥，协调合作，以实现集体目标。

社会认同还可以促进大学生在集体中展示协作与合作的行为。当个体对自己所属的社会群体有着强烈的归属感时，他们更容易与其他成员建立良好的关系，并展示出积极的协作和合作行为。这是因为他们希望通过与他人的合作实现个体与群体的共同利益，获得更多的社会认同和满足感。例如，在社会实践中，大学生积极参与团队合作项目，并与其他成员密切配合，共同完成任务，达到集体目标。

（二）社会比较与自尊心

社会实践中，大学生常常与他人进行比较，评估自己的能力和地位，这会对个体的自尊心产生影响。社会心理学研究了社会比较对自尊心的作用机制，能指导大学生在社会实践中树立积极的自我形象和自尊心。

社会比较是个体评估自己与他人能力和地位的重要手段。在社会实践中，大学生可能会与其他同龄人或者更有经验的人进行比较，以了解自己在某一领域的水平和竞争力。通过与他人进行比较，个体可以对自己的能力和地位进行客观评估，并从中获得自我肯定和成就感。例如，在实习过程中，大学生可能会与同期的同学相互交流自己的工作成果，从中了解自己在实习项目中的表现、与他人的差距、自己的优势。

社会比较对个体的自尊心产生积极或消极的影响。当大学生通过与他人比较发现自己具有较高的能力和地位时，他们的自尊心往往会得到满足，感受到自己的价值和重要性，从而增强自信心和积极心态。相反，当个体通过比较感受到自己的能力和地位相对较低时，可能会导致自尊心的下降，产生焦虑、自卑等负面情绪。因此，社会心理学在指导大学生进行社会比较时，应强调建立合理的自我评价，避免消极的自我评价对自尊心产生负面影响。

社会心理学提供了一些方法来帮助大学生树立积极的自我形象和自尊心。例如，培养积极的自我评价和自我肯定的能力，让大学生意识到自己的优点和价值，不仅依赖于外界的评价和比较；关注个体的成长和进步，引导大学生将比较看作为一种自我激励的手段，而非借此否定自己的价值；将比较视为学习和成长的机会，从他人身上寻找启发和借鉴，而不能感到嫉妒或妄自菲薄。

社会心理学也强调了积极的社会支持对于个体自尊心的重要性。良好的人际关系和社会支持可以为个体提供情感上的支持和肯定，增强个体的价值感和自尊心。在社会实践中，大学生可以主动寻求和建立良好的人际关系，与他人建立正向互动，共同成长和进步。同时，通过为他人提供帮助和支持，大学生也能够提升自己的自尊心和满足感。

（三）态度与行为一致性

大学生在社会实践中所持有的态度和价值观，会影响其行为表现和决策。社会心理学研究了态度与行为一致性的关系，帮助大学生了解自己的态度对行为的影响，并能在社会实践中做出符合个人价值观的行动。

态度是指个体对特定对象的评价和信念。在社会实践中，大学生可能对某些社会问题、公益活动或政治事件持有一定的态度和看法。其态度可以来自个体的价值观、经验背景、教育环境等因素。例如，一个大学生可能有很强的环保意识，认为保护环境是每个人应尽的责任。

态度与行为一致性指的是个体的态度是否能够预测其行为。根据社会心理学的研究，一致性理论认为，当个体的态度与行为之间存在一致性时，个体更有可能按照自己的态度行动。然而，也存在一些因素影响了态度和行为之间的一致性。例如，个体可能受到外界的压力、社会期望、自我利益等因素的影响，导致其在行为上与自己的态度不一致。

在社会实践中，社会心理学为大学生提供了一些方法来端正态度与行为的一致性。首先，引导大学生加强对自己的态度的认识和反思，了解自己的价值观和信念，并与自己的行为进行对比和衡量。其次，增强个体的责任感和自我约束力，让大学生意识到自己的行为对社会和他人的影响，从而使他们更加倾向于按照自己的态度行动。最后，培养积极的社会支持和正面激励，鼓励大学生坚持自己的态度并付诸行动，同时为他们提供支持和帮助。

（四）社会支持与适应能力

社会实践可能面临各种挑战和困难，而社会支持是帮助个体应对压力和适应环境变化的重要因素。社会心理学研究了社会支持对个体适应能力的影响，指导大学生在社会实践中寻求社会支持、建立良好的人际关系，增强自己的适应能力。

社会支持可以提供情感上的支持和安慰，减轻个体在社会实践中面临挫折和困难时的压力。通过与他人分享自己的困扰、获得他人的关心和理解，大学生可以获得情绪上的支持，减轻孤单感，从而更好地应对压力和挑战。例如，当大学生在社会实践中遇到困难时，与团队成员交流并互相支持，可以增加适应能力和团队凝聚力。

社会支持还可以提供信息上的支持和帮助。在社会实践中，大学生可能需要获取各种资源和信息，以便更好地适应环境和完成任务。通过与他人建立良好的人际关系，大学生可以获得他人的专业知识、经验和建议，提升自己的适应能力和解决问题的能力。例如，一个大学生参与社区志愿活动时，可以向组织者或有经验的志愿者请教，获取相关活动的指导和建议。

社会支持还可以提供行为上的支持和帮助，帮助大学生克服困难和挑战。在社会实践中，大学生可能面临各种问题和障碍，需要他人的支持和帮助才能克服。通过寻求他人的帮助和合作，大学生可以得到必要的资源和援助，提高自己的适应能力和解决问题的能力。例如，在一个团队项目中，大学生可以与队友合作，互相分担任务和责任，共同解决遇到的问题。

**三、社会心理学视角下的大学生社会实践研究方法与案例分析**

（一）问卷调查

教育者可以通过设计问卷，收集大学生在社会实践中的心理感受、行为反应和态度等信息。可以运用社会心理学的相关理论构建测量工具，从而量化大学生社会实践的心理特征和变化。问卷调查是一种常见的数据收集方法，可以广泛地覆盖大量的受试者，并且能够快速获取量化的数据。在设计问卷时，可以使用多种量表和问卷项，包括心理测量尺度、情绪评估、动机驱动、参与程度等方面的项目。此外，还可以添加开放式问题，以便让被调查者有机会自由表达其体验和观点。通过统计分析问卷数据，可以揭示大学生在社会实践中的心理特点、态度和行为倾向，为进一步的研究提供基础。

（二）实地观察

采用观察法深入大学生社会实践现场，直接观察其行为、交流和互动，可以了解他们在不同情境下的心理过程和行为表现。高校可以通过编制观察记录表和行为类别，进行定性或定量分析。实地观察是一种贴近实际情境的研究方法，可以直观地观察到大学生在社会实践中的行为和互动模式。观察记录表可以包括参与者的身体语言、言语表达、行动举止等方面的细节，通过对这些细节的分析，可以推断出他们内心的心理状态和情感体验。此外，观察者还可以运用心理学的相关知识和理论，解读大学生的行为，并进行更深入的心理分析。

（三）深度访谈

高校与教育者可以通过面对面的深度访谈，与大学生进行开放式的交流，探索其参与社会实践的动机、体验和心理变化。可以运用社会心理学的相关理论，引导大学生回忆、思考和表达，以便更好地理解其心理过程和体验。深度访谈是一种质性研究方法，可以深入了解被访者的主观感受和意义构建。通过逐步提问和倾听，研究者可以了解大学生参与社会实践的动机、期望、困惑和成就感等方面的信息。在访谈过程中，可以使用开放性问题，鼓励被访者自由表达，以获得更丰富和深入的信息。通过对访谈内容的整理和分析，可以揭示大学生社会实践中的心理变化和影响因素。

（四）案例分析

高校可以通过个案研究，深入探讨和分析大学生社会实践中的心理特点、问题和变化。可以选取典型的社会实践案例，通过文献回顾、个体访谈和数据分析等方法，揭示其中的心理机制和影响因素。个案研究是一种详细研究特定个体或小规模群体的方法，可以深入了解个体的心理状态和行为模式。在进行个案研究时，可以收集和分析多种数据来源，如参与者的日记记录、照片和视频素材等。

同时，也可以进行个体访谈，与参与者深入交流和探索其心理过程。通过对个案数据的整理和分析，可以揭示大学生社会实践中的心理特点、问题和变化，从个体层面上提供深入的理解和洞察。

（五）实验研究

实验研究是通过设计实验条件，操纵自变量，观察和测量大学生在社会实践中的心理反应和行为表现。高校可以通过实验控制和操作，验证社会心理学理论在大学生社会实践中的适用性，并推断因果关系。实验研究是一种被广泛使用的科学研究方法，可以精确地控制和操作变量，以确定因果关系。在进行社会实践的实验研究时，教育者可以设计不同条件的实验组和对照组，通过干预和测量，观察大学生在不同情境下的心理反应和行为表现。这些实验可以涉及不同的变量，如外部刺激、社会支持、自我效能等，以评估它们对大学生社会实践的影响。通过实验研究，可以验证和推广社会心理学理论在大学生社会实践中的适用性，为实践者提供科学依据和指导。

# 第二节　社会心理学教育理论在大学生社会实践中的应用

## 一、社会心理学教育理论的基本原理和核心概念

（一）社会认知理论

社会认知理论是社会心理学教育理论的基本原理之一，指出个体在社会环境中获得、解释和使用信息的过程。它强调了人们如何感知、理解和解释他人的思想、情感和行为。社会认知理论的核心概念包括注意力、记忆、推理和情感。通过教育实践，可以培养学生获取和应用社会信息的能力，提高他们的社会认知水平。

（二）社会认同理论

社会认同理论认为，个体倾向于将自己与某些社会群体进行联系，并从中获得自我价值和认同感。这个理论着重于个体与社会群体的互动关系，探讨了个体是如何构建自我认同和社会认同的。在教育实践中，可以通过提供积极的社会认

同模型、鼓励学生通过参与社会群体活动等方式，促进学生的社会认同发展。

（三）社会学习理论

社会学习理论认为，个体的学习是通过观察他人的行为并从中获取经验教训来实现的。这个理论强调了社会环境对学习和行为塑造的影响。在教育实践中，教育者可以通过提供正面的榜样、创造具有积极社会影响的学习环境等方式，促进学生的社会学习能力。

（四）社会支持理论

社会支持理论认为，社会支持对于个体的心理健康和适应能力至关重要。它涉及个体与他人之间的互动关系，包括获得情感支持、信息支持、评价支持和工具支持等。在教育实践中，可以培养学生的社会支持网络，为他们提供适当的支持和帮助，增强学生的适应能力和心理健康水平。

**二、社会心理学教育理论在大学生社会实践中的具体应用方式**

（一）社会认知理论的应用方式

在大学生社会实践中，高校与教育者可以通过培养学生的注意力、记忆、推理和情感等社会认知技能，提高他们的社会感知能力和理解他人的能力。例如，可以组织学生参观社会机构或参与社区服务活动，让他们亲身探究社会问题，提高他们对社会现象的认知和理解。

（二）社会认同理论的应用方式

在大学生社会实践中，可以通过组织学生参与社会群体活动，鼓励他们与他人共同完成任务或目标，培养他们的团队合作和社会认同意识。例如，可以组织学生参加志愿者活动或学生社团，让他们感受到社会群体的支持和认同。

（三）社会学习理论的应用方式

在大学生社会实践中，可以通过提供正面的榜样和创造具有积极社会影响的学习环境，提高学生的社会学习能力。例如，可以邀请成功的专业人士来校园举办讲座或工作坊，让学生从专业人士的经验中获取启发和教训。

（四）社会支持理论的应用方式

在大学生社会实践中，可以通过建立健康的社会支持网络，为学生提供情感支持、信息支持、评价支持和工具支持等形式的支持。例如，可以设立学生辅导中心、心理咨询服务等，为学生提供相应的支持和帮助，增强他们的适应能力和心理健康水平。

### 三、国内外社会心理学教育理论在大学生社会实践中的对比与分析

（一）国内的社会心理学教育理论

国内的社会心理学教育理论注重培养学生的社会认同和团队合作能力，强调个体与社会群体之间的互动关系。同时，国内的社会心理学教育理论也关注学生的心理健康问题，并为他们提供相应的支持和帮助。

（二）国外的社会心理学教育理论

国外的社会心理学教育理论更加注重个体的社会认知能力和社会学习能力，强调通过观察他人的行为和从他人那里获取经验教训来实现学习和行为的变革。同时，国外的社会心理学教育理论也重视社会支持对个体心理健康和适应能力的影响。

（三）对比与分析

国内外的社会心理学教育理论在大学生社会实践中都强调了个体在社会实践中的角色和能力培养。国内的社会心理学教育理论更加关注学生的社会认同和团队合作能力，强调学生与社会群体之间的互动关系。这一点可以帮助学生更好地适应社会环境，建立良好的人际关系。而国外的社会心理学教育理论更加侧重于个体的社会认知能力和社会学习能力，鼓励学生通过观察他人的行为和从他人那里获取经验教训来推动自身的学习和成长。这一点有助于激发学生的学习兴趣和自主学习能力。

在大学生社会实践中，教育者可以结合国内外的社会心理学教育理论，通过培养学生的社会认知能力、团队合作能力、社会学习能力和获得社会支持的能力，全面促进学生的发展。例如，可以组织学生参与社会实践项目，让他们亲身感受社会问题，培养他们的社会认知能力；同时，通过团队合作活动，让学生学会与他人合作、协调和解决问题；还可以提供优秀的榜样和鼓励学生从他人身上获取经验教训，进一步培养他们的社会学习能力；此外，建立健康的社会支持网络，为学生提供情感支持、信息支持和工具支持，也能帮助他们更好地应对压力和解决问题。

### 四、社会心理学教育理论在大学生社会实践中的成功案例分析

（一）社会认知理论案例分析

某大学开展了一项社会实践项目，邀请学生参观社区老年活动中心，并与老年人互动交流。学生通过参与观察和交流，提高了对老年人需求和问题的认知水平，同时也增进了对老年人的理解与尊重。

在此项目中，学生们通过参观社区老年活动中心，亲身接触到了老年人的生活环境和活动内容。他们通过观察老年人的日常活动、交流和互动，深入了解了老年人的需求和问题，例如健康护理、社交活动、精神支持等方面的需求。通过和老年人的互动交流，学生们能够更加细致地了解老年人的想法、感受和困扰。他们通过倾听老年人的故事、分享自己的经历，与老年人建立了情感联系，增强了对老年人的理解与尊重。

这个项目通过提供真实的社交环境和互动机会，帮助学生们把认知从理论层面转化到实践层面。学生们通过亲身参与和观察，更加深入地认识到老年人的需求和问题，并在实践中切身感受到了解决这些问题的重要性。同时，通过与老年人的交流互动，学生们也得以提高自己的沟通能力、人际交往能力和社会适应能力。

这个项目不仅使学生对老年人的认知得到提升，也促进了社区内不同年龄群体之间的交流和融合。学生们的参与和关注让老年人感受到了社会的关怀和尊重，增强了他们的归属感和幸福感。同时，通过与老年人的互动，学生们也收获了宝贵的人生经验和人文关怀，培养了为社会做贡献的意识和责任感。

（二）社会认同理论案例分析

某大学设立了多个学生社团，鼓励学生参与社团活动。学生在社团中与志同道合的人追求共同的兴趣爱好，通过团队合作和共同成长，加深了彼此之间的社会认同感，同时也培养了学生的团队合作能力。

在这个案例中，学生社团为学生提供了一个自由、开放的平台，使他们能够与志同道合的人聚集在一起。学生们在社团中可以找到与自己有相似兴趣的同学，通过共同参与活动和讨论，建立起紧密的联系和信任关系。

通过参与社团活动，学生们不仅能够发现自己的兴趣，挖掘自己的潜力，还

能够结识新朋友、拓宽人际网络。在社团活动中，学生们需要进行团队合作，共同制订计划、分工合作，并最终实现项目目标。这种团队合作的过程培养了学生的协作能力、沟通能力和解决问题的能力。

社团活动也是学生们进行自我认同和身份建构的重要平台。通过社团活动，学生们可以展示自己的才能和特长，得到他人的认同和赞赏，从而增强了自己的自尊心和自信心。在社团活动中，学生们可以与其他社团成员分享彼此的积极经验、取得的成就，这不仅能够加深彼此之间的认同感，还能够鼓励和激励其他成员更加努力地追求目标。

通过社团活动，学生们得以全面发展和锻炼自己的能力，不仅提高了专业技能，还培养了领导才能、组织能力和团队协作精神。同时，社团活动也促进了校园文化建设，增强了学生群体的凝聚力，为学生的全面发展和个性成长提供了有力支持。

（三）社会学习理论案例分析

某大学组织了一次职业导师讲座活动，邀请成功的专业人士分享他们的职业经验和成功之道。学生通过聆听这些榜样的经历和故事，获得了启发和教训，提高了自身的职业认知和发展规划能力。

在这个案例中，专业人士被邀请到大学举办讲座，与学生分享他们在职业道路上的经验和心得。这些专业人士可能来自不同行业或领域，他们的成功经历和见解对学生的职业发展具有重要的启发作用。

通过聆听这些榜样人物的经验和故事，学生们可以从中获得宝贵的启示和教训。他们可以了解到专业人士在职业发展过程中所面临的困难和挑战，以及他们是如何克服这些困难并取得成功的。这些经验和教训能够帮助学生们更好地认识自己的职业兴趣和优势，进一步明确自己的职业目标和发展规划。

职业导师讲座活动还为学生提供了一个与专业人士互动交流的机会。学生们可以向专业人士提问，探索他们在职业发展中遇到的问题、面临的抉择以及如何决策等方面的经验。专业人士的回答和建议可以帮助学生们更好地理解职业发展的现实情况和要求，提高他们在职业选择和规划方面的准确性和适应性。

职业导师讲座活动还可以改善学生的学习态度和学习方法。通过聆听专业人士的经验分享，学生们可以学习到成功者的学习和思考方式，了解到他们在职业发展过程中持续学习和不断自我提升的重要性。这种学习态度和方法的培养对学生们终身学习意识的形成和职业成长都具有积极的影响。

通过职业导师讲座活动，学生们能够拓宽自己的职业视野，了解到不同行业和领域的职业机会和挑战。他们可以从专业人士的分享中获得实际的职业信息和建议，更好地规划自己的职业发展路径。同时，职业导师讲座活动也能够激发学生们的职业热情和动力，鼓励他们积极追求自己的职业目标，并为之付出努力。

（四）社会支持理论案例分析

某大学建立了学生辅导中心和心理咨询服务机构，为学生提供情感支持、信息支持和工具支持等多层次的支持服务。通过这些服务，学生可以获得专业的帮助和指导，提高个体的适应能力和心理健康水平。

在这个案例中，学生辅导中心和心理咨询服务机构为学生提供了一个安全、私密的环境，让他们可以自由表达内心的困扰和问题。通过与专业辅导师或心理咨询师的面对面交流，学生们能够倾诉自己的情感困扰、压力和焦虑等，并得到专业的帮助和指导。

学生辅导中心和心理咨询服务机构提供的情感支持主要包括倾听、理解和鼓励。在这里，学生们可以找到一个可以倾听他们烦恼和苦闷的人，得到理解和支持。同时，专业的辅导师或心理咨询师也会给予他们积极的反馈和鼓励，增强他们的自信心和心理抵抗力。

除了情感支持，学生辅导中心和心理咨询服务机构还提供信息支持和工具支持。信息支持包括提供学习技巧、时间管理、职业规划等方面的指导，帮助学生们更好地应对学习和生活中的挑战。工具支持则提供一些实用的工具和资源，例如心理测试、材料阅读、放松训练等，帮助学生们调整自己的情绪状态，更好地和应对压力。

通过学生辅导中心和心理咨询服务机构提供的多层次支持，学生们能够得到及时、专业的帮助和指导，提高他们的适应能力和心理健康水平。这种支持不仅能够解决学生们当前面临的困扰和问题，还能够培养他们积极应对困难和挫折的能力，为他们未来的发展打下良好的基础。

# 第三节　社会心理学教育理论对大学生社会实践的助推作用

**一、社会心理学教育理论对大学生社会实践的意义和价值**

（一）理解社会群体行为

社会心理学教育理论可以帮助大学生深入理解社会群体行为背后的心理过程。社会群体行为指的是个体在群体中的行为表现和互动方式。通过社会实践，大学生可以亲身参与到不同的社会群体中，观察和体验不同的社会互动和心理现象，从而加深对社会行为的理解。

社会心理学教育理论强调了社会认知和社会影响的重要性。社会认知涉及个体对社会环境和他人的态度、信念和思维方式的认知过程。社会影响指的是个体在群体中受到他人行为、态度和观点等影响的过程。通过社会实践，大学生能够亲身感受到群体中的社会认知和社会影响的作用，对社会行为的心理过程有更深入的了解。

（二）培养社会责任感

社会心理学教育理论注重个体与社会之间的相互关系和相互作用。它强调个体对社会的责任和作用，促使大学生认识到自己作为社会成员所承担的责任和义务。通过社会实践，大学生能够深入了解社会问题，观察和体验社会现象，从而增强对社会问题的认知和理解。

社会实践可以使大学生更深入地了解社会问题的真实情况，激发出他们参与社会事务的意愿。通过与社会群体的接触和互动，大学生能够体验到社会问题对个人和群体的影响，进而培养起社会责任感。这种责任感能促使大学生积极参与到社会事务中，为社会带来积极的变化。

（三）促进人际交往能力

社会实践为大学生提供了一个与不同人群接触和交流的机会，有助于大学生提升人际交往能力。社会心理学教育理论可以帮助大学生理解人际关系的复杂性和重要性，学习如何有效地与他人沟通、合作和解决冲突，提升其人际交往的技巧和策略。

在社会实践中，大学生需要与不同背景、不同文化的人进行交流和合作。通过这样的互动，大学生可以学会倾听他人的观点，理解和尊重不同的意见，提高自身的沟通能力。同时，社会实践也是一个解决问题和处理冲突的过程，大学生能够从中学习解决问题的技巧，提升他们的人际交往能力。

（四）发展批判思维能力

社会实践能够让大学生接触到真实的社会问题和挑战，并从中进行观察、分析和评价。社会心理学教育理论鼓励个体以批判的眼光审视社会中的不同现象和行为，培养批判思维能力。通过社会实践，大学生可以从实践中总结经验，提出问题并思考解决方案，培养他们的批判性思维能力。

在社会实践中，大学生需要通过观察和分析来理解真实的社会问题，并对其进行批判性评价。这样的过程能够培养大学生对社会问题的敏锐度和分析能力，帮助他们从多个角度思考问题，提出合理的解决方案。通过反思和讨论，大学生能够逐渐发展出批判思维，提高自身的分析和判断能力。

**二、社会心理学教育理论在大学生社会实践中的引导与促进作用**

（一）建立实践导向的教学模式

社会心理学教育理论倡导将理论与实践相结合，构建实践导向的教学模式。在大学生社会实践中，教师可以运用社会心理学的知识和方法，引导学生深入理解和分析实践中的社会问题，通过进行实地调研、参与社会活动等方式，促使学生将理论知识应用到实践中，培养他们的实践能力。

实践导向的教学模式将实践作为教学的核心，通过学生参与实践活动来加深对理论知识的理解和应用。在大学生社会实践中，教师可以引导学生选择适合的实践项目，并提供相关的指导和支持。通过实践项目，学生可以亲身体验多样的社会现象和问题，了解实际操作的困难和挑战，从而更好地将理论知识转化为实践技能。

教师可以通过组织实地调研和参观，让学生近距离接触和观察社会现象，培养他们的观察能力和数据收集能力。同时，教师还可以组织学生参与社会活动，例如志愿者服务、社区参与等，让学生亲身参与社会实践，了解社会问题和需求，并通过实际行动对社会产生积极影响。

在实践导向的教学模式中，教师能起到指导和引导的作用。他们可以提供相关的理论知识和背景，帮助学生理解实践项目的背景和意义。同时，教师还可以提供实践方法和技巧的培训，引导学生进行实践活动，并在实践过程中及时给予学生反馈和指导。

（二）提供反思和讨论的平台

社会心理学教育理论强调个体对自身和社会行为进行反思和讨论的重要性。在大学生社会实践中，教师可以组织学生进行反思和讨论活动，为他们提供一个平台，促使他们从不同角度思考实践经验。通过这样的反思和讨论，学生可以总结实践经验中的教训和启示，加深对社会问题的认识。

教师可以引导学生讨论实践中遇到的问题、困惑和挑战，鼓励他们分享自己的见解和观点，并倾听其他人的意见和建议。这样的交流和互动有助于不同经验和观点的碰撞，开阔学生的思维和视野，提高他们的综合分析能力和问题解决能力。

（三）提供实践指导和支持

社会心理学教育理论可以提供实践指导和支持，帮助学生更好地进行社会实践活动。教师可以与学生合作制订实践计划，明确实践目标和方法，提供专业知识和技能培训，引导学生在实践中发现问题、解决问题，并及时提供反馈和建议，帮助学生完善实践项目。

教师可以通过课堂讲解、案例分析等方式，向学生介绍社会心理学的相关理论和实践经验。同时，教师还可以提供实践指导，帮助学生设计实践活动的具体步骤和方法，指导他们如何应对实践中可能遇到的挑战和困难。通过这样的指导和支持，学生可以更加有针对性地进行社会实践，并在实践中获得更好的成效。

（四）激发主动学习和研究兴趣

社会心理学教育理论强调学生的主动性和参与度。在大学生社会实践中，教师可以利用社会心理学的理论和案例激发学生的学习兴趣，引导他们主动提出问题、探索和研究，培养他们的学习能力和研究意识。

教师可以引导学生了解和研究社会实践领域的前沿问题和热点话题，鼓励他们主动收集、整理和分析相关的文献资料，提出研究问题，并进行独立的研究和探索。通过这样的参与和研究，学生可以深入了解社会实践领域的理论和实践，培养他们的创新思维和解决问题的能力。

### 三、社会心理学教育理论对大学生社会实践成果评价与反思的指导

#### （一）多元化的评价方法

社会心理学教育理论认为，评价应综合考量学生的认知、情感和行为等方面。在对大学生社会实践成果进行评价时，可以采用多元化的评价方法，包括问卷调查、访谈、观察、成果展示等，从不同角度全面评估学生的实践表现，更准确地反映学生的实践能力和经验收获。

1.问卷调查

问卷调查是一种定量的评价方法，通过设计问题并向学生发放问卷，获取他们对实践活动的评价和反馈意见。问卷可以包括评分题或选择题，还可以设置开放性问题，让学生自由发表意见和建议。通过分析问卷结果，可以了解学生的满意度、对实践活动的认知程度以及对改进的期望，为未来的实践活动提供参考依据。

2.访谈

访谈是一种质性的评价方法，通过与学生面对面交流，深入了解他们的实践经历、感受和观点。教师可以通过访谈探索学生在实践过程中遇到的困难、克服的挑战以及取得的成就，从而更细致地评估学生的实践能力和经验收获。通过访谈，教师还能够提供个性化的反馈和建议，帮助学生更好地发展自己的实践能力。

3.观察

观察是一种直接观察学生在实践活动中表现的评价方法。教师可以通过实地观察学生的行为举止、合作与沟通方式、解决问题的能力等方面，评估他们的实践能力和表现水平。观察时，教师可以制订明确的观察指标和评估标准，以确保评价的客观性和准确性。

4.成果展示

成果展示是一种通过展示学生的实践成果来评价学生的方法。学生可以通过

口头报告、海报展示、作品展示等形式，展示他们在实践中所完成的任务、解决的问题和取得的成果。通过观察和评估学生的展示，可以了解他们的实践能力和项目结果，并为其提供相应的反馈和建议。

（二）提供具体反馈和建议

社会心理学教育理论强调及时的反馈和建议对个体的学习和发展具有重要意义。在评价大学生社会实践成果时，教师可以针对学生的实践表现，提供具体的反馈和建议，指出其优点和不足之处，鼓励学生在实践中继续进步和改进。

1.提供肯定和鼓励

教师在评价学生的实践成果时，应先从学生的优点和成就入手，给予他们肯定和鼓励。通过积极的言语和行为表达，激发学生的自信心和积极性，增强他们对实践活动的兴趣，提高他们对活动的参与度。

2.指出不足之处

在肯定学生的同时，教师也要指出学生在实践中存在的不足之处，提醒他们需要进一步改进和提高的方面。这种反馈应当具体、准确，并辅以具体的改进建议，帮助学生明确改进的方向和方法。

3.帮助制订个人发展计划

在提供反馈和建议的同时，教师还可以根据学生的实践表现和目标，帮助他们制订个人发展计划。这样有助于学生更好地了解自己的优势和不足，明确未来的发展方向，并制订相应的学习和实践计划。

（三）鼓励自我评价和团队评价

社会心理学教育理论认为，个体的自我评价和他人的评价都对学生的成长和发展具有重要影响。在大学生社会实践中，可以鼓励学生进行自我评价，让他们思考自己在实践中的表现和收获，并进行自我反思和总结。同时，还可以组织学生之间进行团队评价，互相分享对彼此的观察和评价，激发学生之间的学习互助意识和合作精神。

1.自我评价

鼓励学生进行自我评价可以帮助他们更加深入地了解自己在实践活动中的表现和成长。教师可以提供评价指标并提出问题，引导学生进行自我评估，并鼓励他们反思自己的优点和不足之处，进一步完善自己的实践能力。

2. 团队评价

组织学生进行团队评价有助于学生之间相互了解和认同彼此的实践表现。教师可以设计评价工具，让学生对团队中的其他成员进行评价，包括对其贡献、合作能力、沟通能力等方面的评价。这样可以促进学生之间的交流和互动，增强团队合作精神，并让学生意识到自己在团队中的角色和影响力。

（四）提供反思和总结的机会

社会实践结束后，教师可以组织学生进行反思和总结活动，让学生回顾整个实践过程，分析自己的经验和感受，思考实践中遇到的问题、提出解决方案，并从中得出结论和启示，为今后的实践活动提供指导和借鉴。

1. 反思个人经验

学生可以通过写日记、撰写反思报告或参与反思讨论等形式，回顾自己在实践中的经历和感受。他们可以思考自己在实践活动中取得的成绩和遇到的困难，分析原因并总结经验教训，以便在将来的实践中更好地应对挑战。

2. 分享团队经验

在反思和总结活动中，教师可以组织学生分享团队经验，让他们互相了解彼此的实践感受和收获。通过分享，学生可以从团队成员的经验中汲取启发和借鉴，进一步提高自身的实践能力和团队合作能力。

3. 总结并提出建议

教师可以引导学生对整个实践项目进行总结，并根据学生的经验和发现，提出相关的建议和改进方案。这样可以促使学生对实践活动进行深入思考，并为未来的实践活动提供指导和借鉴，进一步提升学生的实践能力，挖掘其发展潜力。

**四、社会心理学教育理论对大学生社会实践能力培养的启示与建议**

（一）培养问题意识和解决能力

社会实践是大学生面对真实问题并解决问题的过程。在社会心理学教育理论中，培养大学生的问题意识和解决能力被认为是社会实践的重要目标之一。教师在社会实践中可以通过引导学生观察和分析问题来培养他们主动思考和寻找解决方案的能力。

为了培养大学生的问题意识，教师可以引导学生在社会实践中积极观察身边发生的问题，提高他们对问题的敏感度和认识能力。通过实际操作，学生可以更好地了解问题的本质和产生的原因。同时，教师还可以鼓励学生从多个角度思考问题，培养他们发现问题的能力，使他们增强解决问题的意识和能力。

解决问题是社会实践中十分重要的一项技能。为了培养大学生的解决问题能力，教师可以通过组织实践项目让学生亲身参与问题解决的过程。在实践中，学生将面临各种各样的问题，如资源不足、团队冲突等。教师可以引导学生运用所学知识和技能，借助集体智慧，寻找解决问题的方案。此外，教师还可以教授问题解决的方法和策略，让学生学会系统性地分析和解决问题。

通过培养大学生的问题意识和解决能力，他们可以更好地应对社会实践中的各种挑战和困难。他们不仅能够提高实践能力，还能够锻炼批判思维和创新能力。这也是社会心理学教育理论中强调要培养大学生问题意识和解决能力的原因之一。

（二）加强团队合作和协作能力

社会实践往往需要进行团队合作，而团队合作和协作能力是社会心理学教育理论中强调的重要能力之一。教师在社会实践中可以组织学生参与团队项目，培养他们的团队意识和合作能力，通过合作实践来推动彼此的成长和发展。

团队合作是指团队成员通过相互协作，共同完成某个任务或实现某个目标。在社会实践中，教师可以引导学生组建团队，让他们面对真实问题并共同解决。通过合作实践，学生将学会倾听他人意见、协商决策、分工合作等技能，从而提高他们的团队合作能力。

为了培养大学生的协作能力，教师可以引导学生在团队合作中学会相互理解、信任和支持。同时，教师还可以注重培养学生的沟通技巧和解决冲突的能力，让他们在团队合作中处理好各种关系并达成共识。通过这样的协作实践，大学生能够更好地适应社会实践中的团队工作环境，提高协作效率和团队成绩。

通过加强团队合作和协作能力的培养，大学生可以更好地适应社会实践中需要进行团队合作的情境。团队合作不仅有助于提高实践项目的完成度和质量，还能够培养学生的领导能力、沟通能力和人际关系处理能力。这也是社会心理学教育理论中强调加强团队合作和协作能力的原因之一。

（三）提升沟通和交流技巧

社会实践中，与不同的人群进行有效的沟通和交流是必要的。社会心理学教育理论鼓励大学生学习并提升沟通和交流技巧。教师可以引导学生学习有效的沟通方式，如主动倾听、表达清晰、尊重他人等，提高他们的沟通和交流能力。

沟通是信息传递和共享的过程，而交流是通过沟通建立双方的关系。为了提升大学生的沟通技巧，教师可以引导学生主动倾听他人，尊重他人的观点和感受。同时，教师还可以教授学生表达自己的想法和意见，包括语言表达、非语言表达等方面的技巧。通过这样的培养，大学生能够更好地与他人沟通，有效地传递和接收信息。

在社会实践中，大学生需要与各种不同的人群进行沟通和交流，包括社区居民、项目合作伙伴、相关专业人员等。为此，教师可以设计情境性的训练或角色扮演活动，让学生模拟与不同身份的人进行交流和沟通。这样的训练可以帮助学生了解不同人群的需求和沟通方式，增强他们的跨文化交际能力。

在提升沟通和交流技巧的同时，教师还应注重培养学生的批判性思维和分析能力。大学生需要学会对信息进行筛选、分析和评估，以确保有效的沟通和交流。教师可以引导学生学习如何辨别信息的可信度和可靠性，培养他们的信息素养和批判思维能力。

通过提升沟通和交流技巧的培养，大学生能够更好地在社会实践中与他人合作及完成任务。良好的沟通和交流能力不仅可以减少误解和冲突，还可以提升团队的凝聚力和效率。这也是社会心理学教育理论中强调要提升沟通和交流技巧的原因之一。

（四）培育自我管理和适应能力

社会实践对大学生来说意味着新的环境和挑战，需要他们具备自我管理和适应能力。社会心理学教育理论鼓励学生培养自我管理的能力，包括时间管理、情绪管理、压力管理等，同时要培养他们适应新环境和变化的能力，提高他们在实践中的适应性和应变能力。

自我管理是指个体对自身行为、情绪和资源进行有效控制和管理的能力。为了培养大学生的自我管理能力，教师可以引导学生学习时间管理技巧，如设定明确的目标、制定合理的计划和安排等。此外，教师还可以教授学生情绪管理的方法和策略，帮助他们有效应对不同情绪和压力。

适应能力是指个体在面对新环境和变化时能够调整自己的思维和行为，以适应变化的能力。为培养大学生的适应能力，教师可以让学生参与不同类型的社会实践项目，让他们身临其境地面对新环境和挑战。同时，教师还可以引导学生主动寻求解决方案，培养他们的灵活性和创新能力。

通过培育自我管理和适应能力，大学生能够更好地应对社会实践中的各种压力和挑战。他们能够更好地掌控自己的行为和情绪，提高工作效率和质量。同时，他们也能够更好地适应新环境和变化，具备应对不同情况的能力。这也是社会心理学教育理论中强调培育自我管理和适应能力的原因之一。

（五）培养持续学习和反思的习惯

社会心理学教育理论认为，学习和反思是个体发展和进步的关键。在大学生社会实践中，教师可以引导学生培养持续学习和反思的习惯，鼓励他们不断学习新知识和技能，持续反思实践经验，不断完善自己的能力和表现。

学习是一个持续的过程，需要不断更新知识、技能和观念。为了培养大学生的持续学习习惯，教师可以鼓励学生主动探索和学习新知识，包括通过阅读、参与学术研讨等方式。同时，教师还可以引导学生学会自主学习，培养他们的学习方法和学习能力。

反思是指对自己的行为、经验和观念进行深入思考和评估的过程。为了培养大学生的反思习惯，教师可以引导学生在社会实践之后进行反思和总结。通过回顾实践经验，学生可以发现自己的不足和问题，并制定改进计划。同时，教师还可以鼓励学生互相交流和分享实践心得，促进彼此的学习和成长。

通过培养持续学习和反思的习惯，大学生能够不断提高自身的能力和素养。他们能够在实践中不断学习和成长，不断完善自己的表现。同时，持续学习和反思也有助于培养大学生的职业发展能力，使他们具备适应未来社会变化以及职业需求的能力。

# 第八章　以实用主义教育哲学观点阐述"德育""智育"的社会实践运行机制

## 第一节　从实用主义教育哲学的视角探讨德育的实践路径

### 一、实用主义教育哲学对德育的基本观点和理念

（一）实用主义教育哲学的基本观点

实用主义教育哲学强调教育的目的是培养学生解决实际问题的能力，注重将学习与实践相结合。实用主义教育哲学认为，教育应该追求对学生个体和社会的实际利益产生积极而实质性的影响。其基本观点包括以下几个方面。

表 8-1　实用主义教育哲学的基本观点

| 实用主义教育哲学的基本观点 | |
| --- | --- |
| 实用性导向 | 实用主义教育哲学认为，教育应该致力于培养学生掌握实际应用知识和技能，注重将教育内容与学生的实际生活经验相结合，帮助学生更好地应对现实中的问题和挑战 |
| 现实主义 | 实用主义教育哲学强调对现实世界的关注，认为教育应该帮助学生认识和理解现实世界的特点和变化，从而更好地适应社会发展需求，并为社会进步做出积极贡献 |
| 效用性原则 | 实用主义教育哲学倡导教育活动的效用性，即教育应该对学生的个人发展和社会进步产生实际的、可衡量的效果。教育活动应该以实现实际目标和解决实际问题为导向，注重培养学生实用技能和实用知识 |
| 经验主义 | 实用主义教育哲学认为,学生通过实际经验和实践活动更容易理解和掌握知识。因此，教育应该提供具有实际意义和实践性的学习机会，让学生能够通过亲身经验来构建知识结构，培养实践能力 |

（二）实用主义教育哲学的德育理念

实用主义教育哲学的德育理念强调个体的自主性和社会实践，通过实际行动

和经验来培养学生的道德判断力、责任感和社会意识。其核心观点包括以下几个方面。

1. 自主性

实用主义教育哲学认为，德育应该注重个体的自主性和自我决策能力。教育应该培养学生具备独立思考、自主选择的能力，让他们能够在道德问题上做出明智的判断和决策。

2. 社会实践

实用主义教育哲学认为，德育要贴近学生的实际需求和社会环境。通过社会实践活动，如志愿服务、社区参与等，学生可以亲身体验社会问题和挑战，并从中获得道德启示和成长。

3. 道德判断力

实用主义教育哲学强调培养学生的道德判断力，让他们能够在面对各种道德困境时做出正确的决策。通过案例分析、角色扮演等教学方法，可以帮助学生理解和运用道德原则，提升他们的道德思维和判断能力。

4. 责任感和社会意识

实用主义教育哲学认为，德育应该培养学生的责任感和社会意识。学生需要意识到自己作为社会成员的责任，并主动承担起个人和社会发展的责任。这可以通过让学生参与社会实践、开展社区服务等方式来实现。

（三）实用主义教育哲学的德育方法

实用主义教育哲学注重实践性的教学方法，包括案例分析、讨论、实地考察等。其特点和应用如下。

1. 案例分析

通过引入真实的案例，让学生分析和评估其中涉及的道德问题。这种方法可以帮助学生理解和应用道德原则，并培养他们在实际情境中做出良好道德决策的能力。

2. 讨论

组织学生进行小组或全班讨论，让他们分享观点、交流意见，从而培养学生的合作与沟通能力。这也可以促进学生对道德问题的思考和反思，提高他们的道德意识和判断力。

3. 实地考察

将学生带到实际场景中，如社区、企业等，让他们亲身体验社会生活和现实问题。这种方法可以激发学生对社会问题的关注和思考，培养他们的社会意识和社会责任感。

4. 角色扮演

通过让学生扮演不同角色，让他们从多个视角审视问题，了解不同利益关系，从而培养学生的宽容、理解和妥协能力。角色扮演可以帮助学生思考道德冲突和权衡利弊的问题，培养他们在现实情境中综合考虑各种因素的能力。

5. 实践活动

实用主义教育哲学鼓励学生通过实践活动来应用所学的道德知识和原则。例如，组织学生参与社区服务、环保行动等实际项目，让他们亲身体验并运用道德价值观和责任感。

（四）实用主义教育哲学的德育评测标准

实用主义教育哲学认为德育的评估应该基于学生在实践中的表现和发展，注重个体的自我认知和社会反馈。其评测标准包括以下几个方面。

表 8-2　实用主义教育哲学的德育评测标准

| 实用主义教育哲学的德育评测标准 | |
| --- | --- |
| 行为观察 | 通过对学生在实践活动中的行为观察，评估其道德行为的表现。例如，观察学生是否尊重他人、关心社区和环境、诚实守信等 |
| 情感态度 | 通过观察学生的情感态度，评估其对道德价值的认同和体验。例如，观察学生是否表现出同情心、乐于助人等积极情感，以及对不正义行为的愤怒和反对态度 |
| 自我认知 | 通过学生的自我反思和自我评估，了解他们对自己道德行为的认知。例如，学生是否能够准确评估自己的道德表现，并提出改进措施 |
| 社会反馈 | 通过社会反馈和他人评价，了解学生在社会中的影响力和形象。例如，观察学生在团队合作中的作用和评价，以及社区和家庭的反馈意见 |

**二、实用主义教育哲学视角下的德育目标确定与评价方法**

（一）德育目标的确定

德育目标的确定是教育过程中非常重要的一环，它关系到高校对学生培养的目标和期望。在实用主义教育哲学视角下，德育目标应该与学生的实际需求和社会要求相结合。具体来说，可以通过问卷调查、专家访谈等方式，了解学生的德育需求，进而确定德育目标。

首先，可以通过问卷调查的方式收集学生对于德育的需求和期望。问卷可以包括关于道德行为、社会责任感、公民意识等方面的问题，以了解学生对于这些方面的价值观和态度。通过分析问卷结果，可以发现学生对于德育目标的认知和需求，从而为确定德育目标提供参考。

其次，还可以邀请相关领域的专家进行访谈，了解他们对于学生德育目标的看法和建议。专家的观点通常基于对社会发展趋势和人才需求的深入研究，因此他们的意见对于确定德育目标具有重要的参考价值。通过与专家的讨论，可以获取更多关于德育目标的专业知识和前沿动态，从而更好地指导高校的德育工作。

在确定德育目标时，应该注重培养学生的道德责任感、社会关怀意识、创新精神等方面的能力。这些能力对于学生未来的成长和发展具有重要意义。例如，培养学生的道德责任感可以使他们具备正确的价值观和行为准则，在面对各种挑战和诱惑时能够坚守道德底线；培养学生的社会关怀意识可以增强他们对他人和社会的关注和关心，激发他们为社会发展做出积极贡献的热情；培养学生的创新精神可以培养他们的创造力和解决问题的能力，使他们在不断变化的社会中具备适应能力和竞争力。

（二）德育评价的方法

德育评价是对学生在道德行为和发展方面的评估，是对德育工作的反馈和检验。在实用主义教育哲学视角下，德育评价应该以学生的实际行为和成长为依据，注重综合评价和多元化评价方法。

首先，可以采用观察记录的方式对学生的道德行为进行评价。观察记录可以通过教师的直接观察和记录，了解学生在日常生活和学习中的道德表现和行为习惯。观察记录可以包括学生参与集体活动的态度和行为、与他人相处的方式和表现等方面的内容。通过观察记录，可以客观地评价学生的道德行为，了解他们的进步和不足之处。

其次，可以采用自我评价的方式让学生评价自己的道德发展。自我评价可以通过问卷调查或反思写作等形式进行。学生可以根据自己的实际行为和成长情况，对自己在道德方面的表现进行评价和反思。通过自我评价，可以促使学生自觉地认识到自己的优点和不足之处，激发他们主动改进和提升的动力。

最后，还可以采用案例分析的方法对学生的道德行为进行评价。案例分析可以选择一些具有代表性的道德事件或情境，让学生进行分析和判断。学生可以从各个角度对案例进行解读，表达自己的观点和态度。通过案例分析，可以考查学生的道德思维能力和判断能力，评价他们在面对实际问题时的道德选择和行为。

综合评价是德育评价的重要组成部分，可以将德育评价与学生的学习成绩、社会活动参与等方面进行结合。学生的学习成绩和社会活动参与情况也反映了他们的道德行为和发展状况。因此，在德育评价中可以综合考虑学生的多个方面的表现，从而更全面地评价他们的道德素养和发展情况。

**三、德育的实践路径**

（一）建立正确的德育理念

建立正确的德育理念是德育实践的基础。教师应该深入研究实用主义教育哲学的观点，认识到德育的重要性，并将其贯穿于教育实践中。实用主义教育哲学强调以学生的实际需求为出发点，注重培养学生的实践能力、创新精神和社会责任感。在德育实践中，教师应该注重培养学生的品德素养，包括道德修养、社会公德、家庭美德等方面。同时，还需要关注学生的情感教育和心理健康，帮助他们建立积极的人生态度和正确的价值观。

（二）创设适宜的德育环境

德育环境对于学生的德育发展至关重要。高校应该注重校园文化建设，营造积极健康的校园氛围。这包括制定规范的校风校纪，明确高校的价值观和行为准则，并通过各种途径加以宣传和弘扬。同时，高校还应充分利用德育资源，例如图书馆、心理咨询室等，为学生提供丰富的德育教育资源。此外，高校可以通过组织德育活动、开展社会实践等方式，创设有利于学生德育发展的环境。

（三）设计多样化的德育教育活动

德育教育活动的多样性和个体差异化是德育实践中需要重视的方面。高校可以根据学生的年龄、特点和需求，设计不同形式的德育教育活动。例如，可以组织德育培训，提供有针对性的道德教育课程，帮助学生了解道德原则和价值观。同时，高校还可以组织校园志愿者活动，鼓励学生参与社区服务和公益事业，培养学生的社会责任感和奉献精神。此外，道德讨论课也是一种有效的德育教育活动形式，通过讨论和交流，引导学生思考道德问题，培养学生的判断力和分析能力。

# 第二节　实用主义教育哲学视域下智育的社会实践运行策略

## 一、实用主义教育哲学对智育的基本观点和理念

### （一）基本观点

实用主义教育哲学强调教育的实用性和应用性，注重培养学生实际运用知识和技能解决问题的能力。在智育方面，实用主义教育哲学认为，智育应以实践为基础，发展学生的实际思考和创新能力。

实用主义教育哲学认为，教育的目标是培养学生掌握实际运用的知识和技能，使他们能够适应社会的需求，并解决实际生活中遇到的问题。教育不应该只停留在理论知识的传授上，而是要关注学生的实际动手能力和实践技能的培养。这种实用主义的教育理念强调从实践中产生的经验和知识，鼓励学生通过实践活动来获取和应用知识。

### （二）理念

1.学科知识与实际问题相结合，理论用于实践

实用主义教育哲学强调学科知识的实际运用价值，认为教育应该帮助学生将所学的知识与实际问题相结合，培养他们解决实际问题的能力。通过将理论知识与实际问题结合起来，学生可以更好地理解和运用所学的知识，并在实践中不断提升自己的能力。

2.培养学生实际动手能力、实践技能

实用主义教育哲学认为，学生的学习不应仅仅停留在理论层面，而是要注重

培养他们的实际动手能力和实践技能。这包括培养学生的实验操作能力、实际应用技能等方面。同时,实用主义教育哲学也注重培养学生的创造性思维和解决问题的能力,鼓励学生从实践中发现问题、分析问题并提出解决方案。

3.强调学生的实际经验和社会参与

实用主义教育哲学认为,学生的实际经验和社会参与是智育发展不可或缺的一部分。通过参与实践活动,学生可以接触到真实的问题和挑战,从中积累经验、加深理解并提升自己的能力。同时,实用主义教育哲学鼓励学生积极参与社会实践,通过社区服务、志愿者活动等方式,将所学知识和技能应用于社会实践中,培养学生的社会责任感和公民意识。

**二、实用主义教育哲学视角下实践活动在智育中的作用和意义**

(一)提供实际运用知识的机会

实践活动对学生来说是将所学知识应用于实际生活的重要机会。在实践中,学生能够将抽象的理论知识转化为实际技能,并通过实际操作不断完善和提高自己的能力。例如,在科学实验中,学生可以亲自操纵仪器和设备,观察现象,收集数据,进行分析和推理,从而加深对科学原理和方法的理解。在社会实践中,学生可以参与到社区服务、志愿者活动等实际项目中,了解社会问题,积累实践经验,同时也培养了社会责任感和公民意识。

(二)培养解决问题的能力

实践活动能够培养学生解决问题的能力。在实践过程中,学生面对各种实际问题时,需要通过动手实践和思考找到解决问题的方法和策略。例如,在工程设计活动中,学生需要面对设计难题,通过分析、思考、尝试等方式,寻找最佳的解决方案。在团队合作的实践活动中,学生还需要学会有效地与他人沟通、协作,共同解决问题。通过这些实践锻炼,学生能够培养自己的问题解决能力和创新思维,提高自己的独立思考和创造能力。

(三)促进综合能力的发展

实践活动通常需要学生运用多种知识和技能进行综合操作,从而提高他们的综合能力。例如,在实验中,学生需要掌握实验设计、数据收集与分析、结果总结等多个环节,要求他们具备全面的科学素养和实验技能。在社会实践中,学生需要了解不同领域的知识，并将其应用于实际问题的解决中，包括但不限于经济、法律、人文等多个方面。而在团队合作的实践活动中，学生需要充分发挥自己的沟通能力、组织管理能力和协作能力，以实现团队目标。通过这些综合性的实践活动，学生能够综合运用各种技能和知识，提高自己的综合能力。

（四）激发学习兴趣和动力

实践活动能够激发学生的学习兴趣和动力。相比于单纯的理论学习，实践活动能够让学生在实际操作和实践中感受到学习的乐趣。通过实践，学生能够亲身体验到知识的实用性和价值，增强对知识的认同感和兴趣。同时，实践活动还可以提供学生展示自己才能和创造力的机会，激发他们的学习动力和进一步探索的欲望。例如，在艺术实践中，学生可以通过创作作品来表达自己的想法和情感，体验到艺术创造的乐趣和成就感，从而激发了他们对艺术学习的兴趣和热情。

**三、智育培养过程中实践活动的分类**

（一）学科知识实践

学科知识实践是指通过实际操作和实践活动来巩固和应用学科知识，使学生能够将所学的理论知识运用到实际中去，提高他们的学科素养和实际应用能力。学科知识实践的基本观点包括以下几个方面。

1.理论与实践相结合

学科知识实践强调理论与实践的有机结合。通过实践活动，学生能够亲身体验和感受学科知识的实际运用，使抽象的理论变得具体而生动，加深对知识的理解和记忆。

2.提升学习兴趣和动力

学科知识实践能够激发学生的学习兴趣和动力。通过参与实践活动，学生能够亲自动手，积极参与学科知识的探索和实践过程，从而增强学习的主动性和积极性。

3.培养实际应用能力

学科知识实践旨在培养学生将所学知识应用到实际问题中的能力。通过实践活动，学生能够锻炼解决问题的能力、提高分析和推理的能力，更好地应对实际生活和工作中的挑战。

4.加强团队合作与沟通

学科知识实践通常需要学生进行团队合作和沟通。在实践活动中，学生需要协作完成任务，交流和分享各自的观点和经验，促进彼此之间的学习和成长。

（二）问题解决实践

问题解决实践是指学生通过面对实际问题，运用所学知识和技能，积极进行思考和探索，找到解决问题的方法和策略。这种实践能够培养学生的问题分析和解决能力，提高他们的创新思维和实际操作能力。问题解决实践的核心观点包括以下几个方面。

1.面向实际问题

问题解决实践注重解决真实的问题。学生需要从实际生活或学习中提取问题，并运用所学的知识和技能进行分析和解决。

2.探索和创新

问题解决实践鼓励学生积极探索和尝试新的解决方法和策略。学生可以发挥自己的创造力和想象力，提出独特的解决方案，并通过实践验证其有效性。

3.多元思维和合作学习

问题解决实践鼓励学生运用多元思维进行问题分析和解决。学生可以从不同角度思考问题，尝试多种解决途径。同时，问题解决实践也强调团队合作和合作学习，通过小组讨论和协作，共同解决问题。

4.反思和总结

问题解决实践中，学生需要反思和总结解决问题的过程和经验。通过反思，学生能够发现问题解决中存在的不足之处，并积累宝贵的经验教训，为今后的问题解决实践提供指导和借鉴。

（三）创新实践

创新实践是指学生通过实践活动，积极发挥想象力和创造力，尝试新的思路和方法，产生新的理念和成果。这种实践能够培养学生的创新精神和创造力，增强他们的创新意识和创新能力。创新实践的基本观点包括以下几个方面。

1.引导思维开放和多元

创新实践鼓励学生开放思维、跳出传统思维模式，挖掘问题的更多可能性。

学生可以运用多元思维方式，从不同角度审视问题，寻找创新的解决途径。

2. 激发想象力和创造力

创新实践注重激发学生的想象力和创造力，鼓励他们提出和尝试新的理念和方法。学生可以通过自由思考、头脑风暴等方式，提出独特而创新的想法。

3. 实践和验证创新成果

创新实践强调将创新想法付诸实践，并验证其可行性和有效性。学生需要通过实际操作和实践活动，将创新理念转化为具体的产品或服务，从而实现真正的创新。

4. 反思和持续改进

创新实践中，学生需要反思和评估创新成果的优缺点，寻找改进的空间和机会。通过持续地反思和改进，学生能够提高创新的质量和效果。

5. 鼓励风险与失败

创新实践鼓励学生承担风险和接受失败。在创新的过程中，学生可能会面临挫折和失败，但这也是一个学习和成长的机会。学生应该从失败中吸取经验教训，勇于再次尝试，并不断完善自己的创新能力。

6. 跨学科整合

创新实践强调不同学科之间的整合与交叉。学生可以借鉴其他学科的思维方式和方法，将多种学科知识融合在一起，创造出更具创新性的成果。

7. 社会影响力

创新实践追求的不仅仅是个人的创新能力提升，更重要的是对社会产生积极影响。学生应该思考如何将自己的创新成果应用于解决现实问题，为社会发展做出更大贡献。

8. 持续学习与自我更新

创新实践要求学生具备持续学习和自我更新的精神。创新领域的知识和技术变化很快，学生应该保持学习的热情，不断追求新的知识和技能，以适应变化的需求。

创新实践的目标是培养具有创新精神和创造力的人才，他们能够在不同领域中提出独特的想法和解决方案，推动社会的进步和发展。通过积极参与创新实践，学生不仅可以提高自身的创新能力，还可以培养团队合作、沟通、领导等综合素质，为未来的学习和职业发展奠定坚实基础。

**四、实践活动在智育培养中的分阶段实施策略和方法**

（一）初级阶段（认知阶段）

在初级阶段，实用主义教育哲学强调通过实践活动激发学生的兴趣和好奇心，引导他们主动参与实践，探索实际问题，并提供有针对性的学科知识实践活动，帮助他们巩固和应用所学知识。

在这个阶段，教师可以设计一系列具有趣味性和挑战性的实践活动，例如科学实验、手工制作、角色扮演等，让学生亲身参与其中并通过实践来理解相关的学科知识。通过实践活动的参与，学生能够亲自感受并体验到所学知识的实际运用价值，激发他们对学科的兴趣和好奇心。

同时，教师也要引导学生进行反思和总结，帮助他们将实践经验与学科知识相联系，加深对知识的理解和记忆。例如，在学习数学时，教师可以设计一些实际生活中的数学问题，让学生运用所学的数学知识进行解答，在解答过程中体会到数学的实际应用场景。

（二）中级阶段（理解阶段）

在中级阶段，实用主义教育哲学强调通过问题解决实践活动，培养学生的问题分析和解决能力，引导他们运用所学知识和技能解决实际问题，并提供创新实践活动，激发学生的创新思维和创造力。

在这个阶段，教师可以设计一些具有挑战性和复杂性的问题，让学生运用所学的知识和技能进行分析和解决。教师可以引导学生使用系统性的方法和策略来解决问题，培养他们的问题解决能力和批判性思维。

同时，教师也应该鼓励学生思考问题的多种可能性和创新的方法。例如，在学习文学作品时，教师可以组织学生参与剧本创作，让他们运用所学的文学知识和创造性思维，编写出自己的故事情节和对话，培养他们的创新意识和创作能力。

（三）高级阶段（应用阶段）

在高级阶段，实用主义教育哲学注重学生的专业应用能力培养，提供与实际工作相关的实践活动，使学生能够将所学知识和技能应用于实际工作中，并通过实践活动提高学生的职业素养和实际操作能力。

在这个阶段，教师可以组织学生参与实际工作场景的模拟或实习，让他们亲身体验和参与真实的工作环境。通过与专业实践相结合的实践活动，学生能够更好地理解和掌握所学的知识和技能，并将其应用于实际工作中。

同时，教师也要指导学生进行自我评估和反思，帮助他们发现自己在实践过程中的不足之处，并提供针对性的指导和培训，以提高他们的职业素养和实际操作能力。例如，在学习计算机编程时，教师可以组织学生参与软件开发项目，让他们亲身体验团队合作、解决实际问题的过程，提高他们的编程能力和项目管理能力。

总之，实用主义教育哲学在不同阶段注重培养学生的实践能力和应用能力。通过实践活动的设计和引导，教师能够帮助学生将所学知识与实际问题相结合，培养他们解决实际问题的能力，并提升他们的创新思维、问题解决能力和实际操作技能。这种基于实践的教育方式能够更好地促进学生的全面发展和职业发展。

# 第九章 大学生社会实践与专业融合的实践创新模式

## 第一节 专业教育与实践教育的关系和融合方式

### 一、专业教育与实践教育的定义与特点

（一）专业教育的定义与特点

专业教育是指按照一定的学科体系和教学计划，培养学生掌握特定领域知识和技能的教育过程。它强调对学科专业知识的系统学习和理解，培养学生成为具备专业素质的人才。专业教育的特点包括：

表 9-1 专业教育特点

| 专业教育特点 | |
| --- | --- |
| 学科专业性 | 专业教育注重培养学生在特定学科领域的专业知识和技能，使其成为该领域的专业人才 |
| 系统化学习 | 专业教育按照一定的学科体系和教学计划进行，学生需要系统地学习一系列相关的知识和技能，形成完整的专业素养 |
| 理论与实践相结合 | 专业教育不仅注重学科理论知识的学习，也强调实际应用能力的培养，通过实际案例、实验、实训等形式提高学生的实际操作能力 |
| 专业发展导向 | 专业教育旨在培养学生成为具备良好职业道德和专业素养的人才，能够适应专业发展需求，并具备终身学习的能力 |

（二）实践教育的定义与特点

实践教育是指通过实际操作、实验、实训等形式，让学生在实际场景中应用所学知识和技能，培养实际操作能力和问题解决能力的教育过程。它注重学生的实际动手能力、创新能力和团队协作精神。实践教育的特点如下。

表 9-2　实践教育特点

| 实践教育的特点 | |
| --- | --- |
| 实际操作能力 | 实践教育强调学生通过实际操作，掌握实际技能和操作方法，提高实际应用能力 |
| 问题解决能力 | 实践教育注重培养学生的问题分析和解决能力，通过面对实际问题，激发学生主动思考和寻找解决方案的能力 |
| 创新能力培养 | 实践教育通过实际操作和实践活动，鼓励学生进行创新思考和实践实现，培养学生的创新意识和创造力 |
| 团队合作精神 | 实践教育通常以团队合作的形式进行，培养学生的团队协作精神和沟通能力，提高在集体中工作的能力 |

**二、专业教育与实践教育的关系与相互促进机制**

（一）专业教育与实践教育的关系

专业教育与实践教育是相辅相成的关系。专业教育和实践教育相互依存，互为支撑。

1.专业教育为实践教育提供理论支持和知识基础

专业教育提供学生所需的学科基础知识和理论支持，通过系统的学科教学，使学生掌握相关领域的知识和理论，为学生在实践中的应用提供必要的基础。

2.实践教育强化学生对专业知识的理解和应用能力

实践教育则是学生通过实际操作和实践活动，将所学的理论知识转化为实际技能，巩固并应用所学知识于实际问题解决中，增强实际能力。

（二）专业教育与实践教育的相互促进机制

专业教育与实践教育相互促进，形成良性循环。第一，专业教育和实践教育相互反馈。实践教育提供了学生在实际操作中的反馈和经验，可以帮助专业教育不断优化教学内容和方法，使之更贴近实际应用需求。第二，实践教育培养创新思维。通过实际操作和解决实际问题的过程，实践教育激发学生的创新思维和实践能力，促进专业教育的深化和创新。

（三）共同培养创新思维

专业教育与实践教育结合培养学生的创新思维。专业教育为学生提供学科知识和方法，培养学生在特定领域的专业素养。这些专业知识和方法为学生的创新提供了基础和指导。实践教育通过实际操作和问题解决，鼓励学生进行创新思考和实践实现。学生在实践中积累经验，培养创新的能力和习惯。专业教育与实践教育相互促进，形成良性循环。学生通过实践活动掌握的实际操作技能和问题解决能力，反过来也为他们的专业发展提供了更多的机会和可能性。

（四）共同提升就业能力

专业教育与实践教育融合可提升学生的就业能力。专业教育为学生提供学科知识和专业技能，使他们具备在特定领域中胜任工作的基础。这些专业知识和技能是就业的基石，能够满足企业对人才的需求。实践教育通过实际操作和实践经验，提升学生的实际能力和解决问题的能力。这种能力在就业过程中非常重要，能够让学生更好地适应工作环境和应对各种挑战。

专业教育与实践教育的融合可以增强学生的综合素质，提高他们的就业竞争力。学生不仅具备了理论知识和专业技能，还能够将其应用于实践中，展示出解决问题和创新的能力。实践教育还能够培养学生的团队合作和沟通能力，这也是现代职场所重视的能力。在团队合作中，学生能够更好地与他人协作，提高工作效率和质量。

### 三、实践教育在专业教育中的融合模式

（一）课程设计融合

课程设计融合是将实践教育内容融入专业课程中，让学生在学习过程中进行实践活动和项目实施，培养实际操作能力。这种融合主要通过以下方式实现。

1.设置实践项目

针对不同专业领域的课程，可以设置相应的实践项目，要求学生运用所学知识和技能，完成实际的任务和项目。例如，在计算机专业的数据库课程中，可以设置一个实际的数据库设计与开发项目，让学生亲身参与并实践所学知识。

2.实践案例分析

在课堂上引入实践案例，让学生通过分析实际问题，运用所学知识进行解决。通过讨论和实践案例的分析，学生可以更好地理解和应用专业知识。

3.教师引导实践

教师在课程教学中扮演着重要的角色，他们可以通过指导和引导，将实践环节融入专业课程中。例如，在工程类专业的力学课程中，教师可以组织学生进行

实验，让他们亲身体验力学原理的应用。

（二）实习与实训融合

实习与实训是实践教育的重要组成部分，在专业教育中起到了至关重要的作用。实习与实训的融合主要通过以下方式实现。

1.实习机会提供

高校与企业、机构等建立合作关系，为学生提供实习机会。例如，在工程类专业中，高校可以与工程公司合作，安排学生到实际工作场所进行实习，参与实际项目的设计和施工过程。

2.实习内容结合课程

将实习与专业课程相结合，使学生在实习过程中能够应用所学知识和技能。例如，在医学专业中，学生在实习期间可以参与患者的诊疗工作，将所学理论知识运用到实际的医疗实践中。

3.实践指导师资支持

高校可以聘请业界专业人士或相关领域的专家担任实践指导师，为学生提供专业的指导和支持。他们可以根据学生的实际需求，开展实践训练活动，提高学生的实践能力。

（三）社会实践融合

社会实践是培养学生社会责任感和团队合作精神的重要方式。社会实践融合主要通过以下方式实现。

1.组织社会实践活动

高校可以组织学生参与社区服务、志愿者活动等社会实践活动，让他们亲身体验社会实际问题，培养他们的社会责任感。

2.项目与社区结合

高校可以与社区建立合作关系，开展与专业相关的项目，让学生参与并解决实际问题。例如，在教育学专业中，高校可以安排学生到农村地区进行支教实践，了解教育现状并解决实际问题。

3.团队合作培养

社会实践活动通常需要学生进行团队合作，高校可以通过组织团队活动，培养学生的团队合作精神和协作能力。

（四）创新创业融合

创新创业是实践教育的重要目标之一，通过将实践与创新相结合，可以培养学生的创新思维和创业能力。创新创业融合主要通过以下方式实现。

1.创新实践项目

高校可以组织学生参与各类创新实践项目，例如科研项目、创业项目等。通过实际操作和问题解决，学生可以培养创新能力和实践经验。

2.创新教育课程

开设创新教育课程，引导学生进行创新思维的培养和创业能力的提升。例如，在商学院中，可以开设创业实践课程，指导学生从创意到商业计划的全过程，培养他们的创业能力和实践经验。

3.创新资源支持

高校为学生提供创新资源和支持，例如创新实验室、创业孵化基地等，为学生的创新创业提供平台和资源支持。

**四、国内外大学实践教育融合的成功案例与经验分享**

（一）中国清华大学的实践教育融合

清华大学作为中国著名的高等学府，一直致力于将实践教育融入学生的专业课程中，培养学生的实践能力和创新意识。

清华大学推行的"本科一体化实践教育"模式，将实践环节纳入专业课程，使学生能够在学习期间就能接触到实践教育。学生在学习专业知识的同时，参与社会实践和科研项目，将理论知识运用于实际工作中，提升实践能力和应用能力。通过与企业、研究机构等合作，学生可以接触到真实的问题和挑战，并积极寻找解决方案。

为了加强实践教育的效果，清华大学还建立了多个实践教育平台。其中，清华大学深圳产学研基地作为一个重要的实践教育平台，为学生提供了丰富的实践锻炼机会。学生可以在该基地进行项目研究和实践操作，与企业和行业专家进行交流与合作，深度参与实际项目，并提升综合素质。

此外，清华大学还注重培养学生的创新能力和创业精神。高校设立了创新创业中心和孵化器，为有创新创业意向的学生提供支持和指导。学生可以参与创新创业项目，接受相关培训，获得创业资源和资金支持，将自己的创意转化为实际商业行动。

（二）美国斯坦福大学的实践教育融合

斯坦福大学是世界著名的私立研究型大学，注重将实践教育融入专业课程中，为学生提供广泛的实践机会。该校认为，只有将理论知识与实际应用相结合，学生才能真正掌握所学内容并培养解决问题的能力。

斯坦福大学积极推行实习教育，鼓励学生在实际工作环境中应用所学知识。学生可以选择参与不同类型的实习项目，无论是科研机构、企业还是非营利组织，都能找到适合自己专业需求和兴趣的实习岗位。通过实习，学生可以深入了解实践工作的流程和规范，提升自己的实际操作能力，并建立与行业专业人士的联系。

此外，斯坦福大学还注重实验教育的开展，为学生提供实验室环境和设备支持。学生可以在实验室中进行科学研究、创新项目和设计实践等活动，通过实际操作提升实践能力和科学素养。实验教育不仅能够加深对理论知识的理解和应用，还可以培养学生的观察、分析和解决问题的能力。

除了实习和实验，斯坦福大学还致力于推动创新创业教育。高校设立了创新创业中心和科技园区，为学生提供创业实践和项目孵化的平台。学生可以参与创业竞赛、创业训练营等活动，接受企业家和行业专家的指导，开发自己的创新项目并转化为实际商业价值。

（三）德国慕尼黑工业大学的实践教育融合

慕尼黑工业大学是德国著名的理工科大学，重视将实践教育与专业教育相结合，为学生提供广泛的实践机会，培养他们的实践能力和团队合作精神。

该校注重实习教育，为学生提供与企业合作的实习机会。学生可以通过参与企业项目，进行实际操作和解决问题，将所学知识应用于实际工作中。在实习期间，学生能够与企业人员紧密合作，了解实际工作环境和行业需求，培养实践能力和职业素养。

此外，慕尼黑工业大学还重视实训教育，为学生提供实践操作的平台和设备支持。学生可以在实验室和工程实训中心进行实际操作和项目合作，不仅能够深入理解所学知识，还能够锻炼实践能力、解决问题的能力和团队合作精神。实训教育使学生能够从理论到实践的过程中获得更加全面的能力提升。

除了实习和实训，慕尼黑工业大学还注重项目合作教育。学生可以参与与企业和其他学术机构合作的项目，进行实践操作和团队合作。这种项目合作教育不仅能够提供更具挑战性和实际性的问题，还能够培养学生的创新能力和解决复杂问题的能力。

总的来说，德国慕尼黑工业大学通过实习教育、实训教育和项目合作教育等方式，将实践教育融入专业教育中，培养学生的实践能力、团队合作精神和创新能力。这种实践教育的融合模式使学生能够在实际项目中应用所学知识，提升综合素质和职业竞争力，为未来的职业发展打下坚实基础。

（四）日本东京大学的实践教育融合

东京大学是日本最著名的综合大学之一，注重将实践教育融入学生的学习过程中，为他们提供广泛的实践机会和实践支持。

该校与企业、研究机构等建立紧密合作关系，为学生提供参与真实项目的机会。学生可以与企业、研究机构合作，进行实践操作和研究，深入了解实际问题和挑战，并通过参与解决这些问题，培养解决问题的能力和创新的能力。这种与实际项目相关的实践教育使学生能够将所学知识应用于实际工作中，提升实践能力和应用能力。

此外，东京大学还注重实验教育的开展。高校提供先进的实验室设备和研究资源，鼓励学生开展科学研究、创新项目和设计实践等活动。学生可以在实验室中进行实际操作和研究，深化对理论知识的理解，并培养观察、分析和解决问题的能力。

总结来说，东京大学通过与企业、研究机构的合作以及实验教育的开展，将实践教育融入学生的学习过程中。这种实践教育的融合模式使学生能够在实际项目和实验中应用所学知识，培养实践能力、创新能力和解决问题的能力。东京大学为学生提供了丰富的实践机会和支持，为他们的综合素质提供了全面发展的机遇。

# 第二节　实践活动对专业知识与技能的支持和拓展

**一、实践活动对各专业知识与技能的支持和拓展作用**

（一）支持和巩固专业知识

实践活动在支持和巩固专业知识方面起到了重要的作用。通过实际操作和实践活动，学生能够将所学的理论知识转化为实际技能，并在实践中不断巩固和应用这些知识。

首先，实践活动提供了一个真实的场景，让学生直接面对实际问题。在实践过程中，学生需要将课堂上学到的理论知识与实际情况相结合，分析问题的根源和可能解决方案。通过这种实践的方式，学生能够更加深入地理解和掌握专业知识，将其应用于实际问题的解决中。

其次，实践活动还可以帮助学生发现和弥补自己的知识缺陷。在实践过程中，学生可能会遇到一些挑战和难题，需要主动寻求解决方案。这需要他们不断查找资料、学习新的知识，以填补自身的知识盲区。通过这样的学习过程，学生能够全面提升自己的专业知识水平。

最后，实践活动也为学生提供了一个与行业专业人士交流和学习的机会。在实践活动中，学生常常需要与企业、行业组织或专家进行合作或交流，通过与他们的互动，学生可以获得更多的实际经验和实践技巧。这不仅有助于学生对专业知识的理解和应用，还能够拓宽他们的视野，了解行业的最新发展动态。

（二）拓展专业技能

实践活动在拓展和提升专业技能方面起到了关键作用。通过实际操作和实践活动，学生能够锻炼和提升各种专业技能，使其在日后的工作中更加胜任和出色。

首先，实践活动可以帮助学生掌握和提高实际操作技能。无论是医学、工程、艺术还是其他专业领域，实践活动都是学生将理论知识转化为实际技能的重要途径。通过反复的实践操作，学生可以熟练掌握相关工具、设备或技术，并在实践中不断提升自己的操作技能。

其次，实践活动还可以帮助学生培养解决问题的能力。在实践过程中，学生可能会面临各种挑战和难题，需要运用所学的专业知识和技能来解决。这个过程不仅要求学生具备扎实的专业知识，还需要他们具备分析问题、思考解决方案的能力。通过实践活动，学生可以不断锻炼自己的问题解决能力，培养出独立思考和创新的能力。

最后，实践活动还可以帮助学生培养团队合作和沟通能力。在实践项目中，学生往往需要与他人合作，共同完成任务。通过与团队成员的协作与沟通，学生可以学会有效地与他人合作，提高工作效率和质量。同时，团队合作也可以促进学生之间的互相学习和支持，共同解决问题，达到更好的成果。

（三）提供跨学科知识融合的机会

实践活动不仅要求学生运用所学的专业知识和技能，还常常需要学生跨越不同学科领域，进行综合操作和分析。这种跨学科知识融合的机会促进了不同学科之间的交叉融合，培养出更全面和综合能力的学生。

在实践活动中，学生可能需要运用多个学科的知识来解决实际问题。例如，在环境科学专业的实践项目中，学生需要同时运用地理学、生态学、化学等学科的知识，从多个角度分析和解决环境问题。这种跨学科的操作要求学生具备广泛的知识背景，并能够将不同学科的知识进行整合和应用。

通过跨学科知识融合的实践活动，学生能够拓宽自己的学科视野，了解不同学科之间的关联和互动。他们可以发现不同学科之间的共同点和交叉领域，培养出更加综合和全面的思维能力。同时，跨学科的实践活动也为学生提供了更广阔的职业发展机会，使他们能够适应和应对复杂多变的工作环境。

**二、实践活动在提升学生专业素养及综合能力方面的价值**

（一）提高专业素养

参与实践活动是提高学生专业素养的重要途径之一。通过实践活动，学生能够深入了解自己所学专业的实际应用和行业需求，从而提高自己的专业素养。具体来说，实践活动可以帮助学生实现以下目标。

1.实际应用能力

学习是为了将知识应用于实践。通过实践活动，学生可以将课堂上学到的理论知识运用到实际问题中，理解知识的实际应用方式和场景。

2.解决问题能力

实践活动通常包含一些实际问题和挑战，学生需要通过分析、思考和实践，找到解决问题的方法和策略。这种过程可以培养学生解决问题的能力和独立思考的能力。

3.行业认知和专业意识

实践活动可以帮助学生更好地了解自己所学专业的行业特点、发展趋势和职业要求，从而提高对专业的认知和理解。同时，实践活动也能激发学生对专业的兴趣和热情，培养他们的专业意识。

4.实践经验积累

实践活动提供了学生积累实践经验的机会。这些实践经验对于学生未来的职业发展具有重要意义，可以为他们在求职过程中提供有力支持，并体现出他们的实际能力和经验。

（二）培养综合能力

实践活动通常涉到多个方面的知识和技能，要求学生具备较强的综合能力。通过参与实践活动，学生能够培养和提高自己的综合能力，包括但不限于以下方面。

1.团队协作能力

实践活动通常需要学生与他人进行合作，共同完成任务。在团队中，学生需要有效地沟通、协调和合作，使团队成员之间形成良好的工作关系，共同实现目标。

2.组织管理能力

在一些实践活动中，学生需要组织和管理资源，合理规划和安排任务，确保项目的顺利进行。这要求学生具备一定的组织能力和管理能力，能够有效地管理时间、人力和物力等资源。

3.解决问题能力

实践活动中常常出现各种问题和挑战，学生需要进行问题分析和解决，找到最佳的解决方案。这要求学生具备较强的问题诊断能力、创新思维和灵活性。

4.沟通交流能力

实践活动中，学生需要与他人进行有效的沟通和交流，包括口头和书面的表达能力。良好的沟通交流能力对于团队合作和项目推进至关重要。

通过实践活动的参与和实践能力的培养，学生可以更全面地发展自身的综合能力，提高自己在未来职业生涯中的竞争力和适应能力。

（三）促进职业发展

实践活动对于学生的职业发展具有重要的推动作用。通过参与实践活动，学生能够获得以下方面的收益，并促进自己的职业发展。

1.职业意识和定位

实践活动可以帮助学生更清晰地认识自己所学专业的职业方向和就业形势，从而有助于学生进行职业规划和目标定位。通过实践活动的实践经验，学生可以更好地了解不同职业的要求和特点，为自己的职业选择提供参考和支持。

2.实践经验积累

实践活动为学生提供了积累实践经验的机会。这些实践经验可以成为学生在求职和职业发展中的资本，提高他们的竞争力和就业前景。同时，实践经验也能够使学生更好地理解和应用所学知识，增强自己的实际能力。

3.人脉关系建立

实践活动通常需要与企业、机构等进行合作，从而为学生建立起一定的人脉关系。这些人脉关系对于学生的职业发展具有积极的影响，可以为他们提供求职推荐、职业咨询和职业发展的指导。

4.职业素养培养

实践活动是学生培养职业素养的重要途径。通过实践活动，学生能够进一步锻炼和培养自己的职业素养，包括职业道德、职业道德、职业形象等方面的培养。

**三、实践活动对学生创新能力和解决实际问题能力的培养作用**

（一）培养创新思维

实践活动是培养学生创新思维的关键环节之一。通过实际问题和挑战，学生需要思考并提出创新的解决方案。在实践活动中，学生需要积极主动地寻求问题的根本原因，通过观察、分析和实验来不断探索并改进解决方案。这种思考和实践的过程可以培养学生的创新思维方式。

在实践活动中，学生面对的问题通常是复杂的，需要跨学科的知识和技能的综合运用。学生需要从不同的角度出发，结合所学的知识和技能，灵活地应用到实际问题中。这种跨学科的思维和综合能力培养了学生的创新思维，使他们能够在实践中提出独特的解决方案。

此外，实践活动还鼓励学生勇于尝试和接受失败。在实践中，学生可能会遇到各种困难和挫折，但他们需要保持积极的态度，并从失败中吸取经验和教训，不断改进和优化解决方案。这种勇于冒险和迎接挑战的精神培养了学生的创新思维和解决问题的能力。

（二）锻炼解决问题能力

实践活动是锻炼学生解决问题能力的重要途径。在实践活动中，学生需要面对实际问题，并通过分析、调研和实验等方法找到解决方案。学生需要运用所学的知识和技能，结合实际情况进行问题分析，制定解决方案，并在实践中不断改进和调整。

实践活动可以帮助学生培养问题分析的能力。学生在实践中需要深入观察和研究问题，了解问题的背景和影响因素，从而能够准确分析问题的本质和原因。通过问题分析，学生能够找到解决问题的关键点，指导后续的实践操作和改进措施。

实践活动还可以锻炼学生的资源调配和决策执行能力。在实践过程中，学生面临资源有限的情况，需要合理调配和利用现有资源，以达到最佳的解决方案。同时，在实践中，学生需要做出决策并付诸行动，将解决方案落实到实际操作中。这种资源调配和决策执行的过程可以帮助学生锻炼解决问题的能力。

（三）培养实际操作能力

实践活动是培养学生实际操作能力的有效途径。在实践活动中，学生需要运用所学的知识和技能，进行实际操作和实验。通过实际操作，学生可以熟悉并掌握相关设备和工具的使用，提高自己的实际操作能力。

在实践活动中，学生需要遵循操作规程和安全要求，正确运用仪器设备，并进行数据的采集和分析。学生需要严格按照实践要求进行实际操作，通过实践过程中的观察、测量和实验，巩固和扩展所学知识，并了解实际操作中可能出现的问题和挑战。

通过实际操作，学生还能够培养自己的实践能力和应用能力。实际操作的过程中，学生不仅需要掌握相关理论知识，还需要将其应用到实际情境中。通过实际操作，学生能够加深对所学知识的理解和应用，提高自己的实践能力和应用能力，为将来的工作或研究打下坚实的基础。

（四）促进跨学科合作

实践活动通常需要多个学科的知识和技能的协同运用，促进了学生之间的跨学科合作与交流。在实践活动中，学生需要团队合作，在解决实际问题时共同思考、讨论和协调。

跨学科合作培养了学生的团队合作和协调能力。在实践活动中，学生需要与其他专业的同学进行密切合作，共同解决复杂的问题。通过跨学科的合作，学生能够互相补充和借鉴各自的专业知识和技能，形成团队共识，并共同制定解决方案。这种团队合作和协调能力对于学生未来的职业发展至关重要。

跨学科合作还可以拓宽学生的视野和知识领域。通过与其他专业的同学合作，学生能够了解和学习其他学科的知识和技能，丰富自己的学习经历。这种跨学科的交流和合作可以帮助学生拓宽自己的视野，增加对不同领域的了解和认知，培养学生的综合素养和跨学科思维能力。

在跨学科合作中，学生还需要学会有效的沟通和协调。不同专业的学生可能具有不同的专业术语和思维方式，因此学生需要学会使用清晰明确的语言进行沟通，确保彼此的理解和共识。同时，学生还需要学会协调不同专业之间的权衡和平衡，以达到最佳的解决方案。

# 第三节　大学生分级社会实践与专业融合的创新模式

## 一、大学生分级社会实践模式的定义与特点

分级社会实践是指根据大学生的能力水平和专业背景将他们划分为不同层次

进行社会实践活动的模式。通过这种模式，可以更好地促进学生的个性化发展和专业融合。具体来说，分级社会实践有以下特点。

（一）个性化发展

分级社会实践模式可以根据不同学生的能力水平和专业背景设置不同层次的实践任务和目标。这样，每个学生都可以在适合自己能力水平的实践项目中展现自己的特长和潜力。对于那些能力较强的学生，可以给予更高层次的实践任务，让他们有更大的挑战和发展空间；而对于那些能力较弱的学生，可以设置相对简单的实践任务，让他们在成功经验中渐渐提升自己。

（二）目标明确

每个层次的实践任务都有明确的目标和要求。学生可以清楚地知道自己需要达到什么样的水平，并为之努力奋斗。这样，学生可以更好地规划自己的学习和发展路径，提高学习动力和效果。同时，目标明确也有助于评估和反馈，学生可以根据实践任务的完成情况进行自我评价和调整，不断提高自己的能力。

（三）协同合作

分级社会实践鼓励学生之间的合作与交流。不同层次的学生可以互相学习和借鉴，共同进步。在实践活动中，学生可以组成小组进行团队合作，共同完成任务。通过合作，学生可以培养团队协作、沟通交流和解决问题的能力，提高综合素质。

（四）专业融合

分级社会实践模式可以将不同专业的学生进行有机结合。这样，不同专业的学生可以在实践活动中形成良好的互补关系，促进跨学科合作和知识交流。通过与其他专业的学生合作，学生可以拓宽自己的知识视野，了解其他领域的发展和需求，提高专业融合能力。这对于今后的跨学科研究和综合应用能力的培养都具有重要意义。

（五）动态调整

分级社会实践模式具有动态调整的特点。根据学生的学习情况和实践表现，可以对实践任务进行精确量化和分类，以保证每个学生都能够有针对性地参与适合自己的实践活动，实现更好的发展。

### 二、分级社会实践在促进专业融合方面的意义与作用

（一）促进多元化学习

分级社会实践模式可以为学生提供接触不同领域实践项目的机会，从而促进多元化学习。传统的专业教育往往侧重于学科知识的传授，但现实工作环境中常常需要跨学科综合能力和全面素养。通过参与不同领域的实践活动，学生可以了解和学习其他专业的知识和技能，拓宽自己的视野，增强跨学科的综合能力和创新思维。例如，一个建筑设计专业的学生可以参与到城市规划的实践项目中，从中学习到城市规划的理论和实践知识，为自己的专业发展提供更广阔的视角。

（二）培养团队合作精神

分级社会实践鼓励学生之间的合作与交流，可以促进学生之间的团队合作精神和协作能力的培养，实现不同专业的融合和互补。在实践项目中，学生往往需要与来自不同专业的同学合作，共同完成任务。通过团队合作，学生可以学会与他人有效地沟通和协作，充分发挥每个人的专长和优势，提高工作效率和质量。例如，一个电子工程专业的学生与市场营销专业的学生合作开展产品推广活动，电子技术和市场营销的融合能够为项目的成功带来更好的效果。

### 三、大学生分级社会实践中专业融合的具体实践方式与案例分析

（一）制定分级实践计划

针对不同学生的专业背景和能力水平，制定相应的分级实践计划，确保每个学生都能参与到适合自己的实践活动中。比如，对于初学者，可以安排基础性的实践活动，如参观企业、了解行业情况等；对于进阶学生，可以组织参与小规模的实际项目，并逐步引导他们独立思考和解决问题；对于高级学生，可以提供更有挑战性和复杂性的实践项目，让他们能够全面展示专业素养和能力。

（二）跨院系合作

通过与其他专业的学生组成团队，开展跨学科的实践项目，实现专业融合。团队成员来自不同专业，可以相互借鉴和补充，共同解决实际问题。例如，在一个环境保护项目中，可以组成由环境科学、土木工程、经济学等专业学生组成的团队，共同研究和实施环境治理方案。通过不同专业的知识和视角的结合，可以

得出更全面和创新的解决方案。

（三）学术交流与分享

分级社会实践中，学生可以进行学术交流和分享，促进专业融合。学生可以组织学术论坛、工作坊等形式的活动，邀请来自不同专业的学生进行专业经验和知识的交流与分享。通过学术交流，学生可以了解其他专业的研究成果和经验，拓宽自己的学科视野。同时，学生还可以分享自己在实践过程中的收获和心得，促进不同专业之间的互相学习和借鉴。

以一个社会创新项目为例，该项目旨在解决城市社区垃圾分类管理问题。在这个项目中，组织了一支由环境科学、信息技术、市场营销等不同专业的学生组成的团队。

首先，团队成员参加了社区垃圾分类现场调研，了解了问题的具体情况和难点。然后，根据团队成员的专业背景，制定了分级的实践计划。初级阶段，团队进行了垃圾分类相关知识培训和社区宣传活动；进阶阶段，团队开展了垃圾分类App的设计与开发，并与社区合作推广；高级阶段，团队进行了垃圾分类智能监测系统的研究与实施。

在项目实施过程中，团队成员之间进行了密切的合作与交流。环境科学专业的学生负责研究垃圾分类的科学原理和影响因素，提出相应的解决方案；信息技术专业的学生负责开发垃圾分类App和智能监测系统；市场营销专业的学生则负责策划宣传活动和推广措施。

通过跨学科团队的合作，这个社会创新项目取得了显著的成果。垃圾分类App的使用率大幅提升，社区居民对垃圾分类意识的提高，垃圾分类管理效率的明显改善等都是项目成功的体现。

**四、分级社会实践模式对学生综合能力发展和创新创业能力培养的启示与建议**

（一）提高学生自主学习能力

分级社会实践活动可以通过鼓励学生在实践中主动学习和探索，培养他们的自主学习能力和问题解决能力。在实践活动过程中，学生需要根据问题的需求主动寻找相关信息、学习相关知识，并将其运用到实践中去。通过这样的过程，学生能够培养自主学习的能力，提高他们对知识的理解和应用能力。同时，实践活动也能够培养学生的问题解决能力，让学生在面对实际问题时能够独立思考和找到解决方案。

（二）加强跨学科综合能力培养

分级社会实践活动可以通过分组合作的方式，培养学生的跨学科综合能力。在实践活动中，学生来自不同的专业背景，在解决实际问题时需要进行跨学科的综合应用。通过与其他学生的合作和协作，学生能够更好地理解和欣赏不同学科的贡献，并学会将不同领域的知识融合到解决问题的过程中去。这有助于培养学生的跨学科思维能力、综合分析能力和团队合作能力，使他们能够在未来的工作和生活中更好地适应复杂多变的环境。

（三）注重实践与理论的结合

分级社会实践应该注重理论知识与实践能力的结合，使学生能够将所学的理论知识运用到实践中。在实践活动中，学生可以通过实际操作和实验，将抽象的理论知识转化为具体的实践经验。同时，在实践过程中，学生也能够发现理论知识的不足和应用的限制，从而对自己的学习和研究方向做出调整和改进。通过实践与理论的结合，学生能够真正理解和掌握所学知识，并能够应对实际问题的挑战。

（四）培养创新创业意识

分级社会实践可以为学生提供创新和创业的机会和平台，培养他们的创新创业意识和能力。在实践活动中，学生可以面对真实的市场需求和竞争压力，通过自主设计和实施项目，培养创新思维和创业意识。同时，实践活动也能够培养学生的团队合作能力、市场分析能力和项目管理能力，使他们在未来的创新创业过程中具备必要的能力和素质。

# 第十章 高校大学生全方位大实践育人体系的构建与影响

## 第一节 大学生社会实践与其他教育环节的有机衔接

### 一、大学生社会实践与课堂教学的有机衔接机制

（一）教学内容与实践活动的关联

为了实现大学生社会实践与课堂教学的有机衔接，教师可以在教学中引入实践案例和实际问题。这样做有助于学生通过实践去应用和巩固所学知识，同时培养他们的实践能力和问题解决能力。具体而言，教师可以通过以下方式促进教学内容与实践活动的有机关联。

1. 引入实践案例

教师可以在课堂上引入相关的实践案例，让学生通过分析和讨论实践案例来理解课堂所学的理论知识。例如，在经济学课程中，可以引入真实的企业案例，让学生分析企业经营策略、市场竞争等实际问题，从而加深对经济学原理的理解。

2. 实践操作

在一些实验类的课程中，教师可以组织学生进行实践操作。通过亲身参与设计、操作和分析结果，学生可以更好地理解和掌握所学的科学原理。例如，在生物学实验课程中，可以让学生进行显微镜观察和细胞染色等实践操作，从而加深对生物学知识的理解。

3. 实际问题的探究

教师可以将实际问题引入到课堂中，让学生通过研究和解决实际问题来应用

所学知识。例如，在计算机科学课程中，可以引入一个真实的软件开发项目，让学生分组进行项目设计和实现，从而锻炼他们的团队合作和编程能力。

通过以上方式，教师可以有效地将教学内容与实践活动关联起来，使学生在实践中深化对理论知识的理解，并提高他们的实践能力。

（二）实践指导与学习反思的结合

为了帮助学生建立起实践和理论知识的联系，教师可以将实践指导融入课堂教学中。同时，教师还可以鼓励学生进行学习反思，以总结和归纳实践经验，提高他们的实践能力和思维能力。具体而言，教师可以通过以下方式促进实践指导与学习反思的结合。

1.实践规划

教师可以引导学生进行实践活动的规划，帮助他们明确实践目标、确定实践方法和策略。通过实践规划的指导，学生可以更有针对性地进行实践活动，并将实践和理论知识相结合。

2.实践执行

教师可以引导学生按照实践规划进行实践活动的执行，监督和指导他们在实践中的表现。通过实践执行的指导，学生可以逐渐提高实践能力，并将所学的理论知识应用到实际问题中。

3.学习反思

教师可以鼓励学生进行学习反思，即对实践活动进行总结和思考。学生可以回顾实践过程中的成功经验和问题，分析产生原因，并提出改进措施。通过学习反思，学生可以提高问题解决能力和自我调整能力。

通过以上方式，教师可以将实践指导与学习反思相结合，帮助学生建立实践和理论知识的联系，提高他们的实践能力和思维能力。

（三）实践报告与学术论文的结合

为了加深对所学知识的理解和应用能力，学生可以根据实践经验撰写实践报告或学术论文。教师可以通过评阅实践报告或学术论文，对学生的实践活动进行评价和指导，提高他们的学术水平和实践能力。具体而言，教师可以通过以下方式促进实践报告与学术论文的结合。

1. 报告写作指导

教师可以给学生提供报告写作指导，包括报告结构、格式要求和写作技巧等方面的指导。通过指导，学生可以掌握撰写实践报告或学术论文的方法和技巧。

2. 评阅和反馈

教师可以对学生的实践报告或学术论文进行评阅，并提供详细的反馈意见。通过评阅和反馈，教师可以指导学生改进写作和表达能力，提高他们的学术水平。

3. 学术讨论与交流

教师可以组织学术讨论或学术交流活动，让学生分享自己的实践成果和研究心得。通过学术讨论和交流，学生可以相互学习，互相启发，进一步提高学术水平和实践能力。

通过以上方式，教师可以促进学生将实践经验与理论知识相结合，撰写实践报告或学术论文。这样的结合有助于学生深入思考和分析实践过程中的问题与挑战，加深对所学知识的理解和应用能力。

（四）实践经验与课堂分享的结合

学生在实践活动中积累了宝贵的经验和教训，可以通过与同学和教师的交流与分享，促进彼此之间的学习和成长。教师可以组织学生进行实践经验分享会或专题讨论，让学生分享实践中的问题解决方法、经验心得等，从而促进学生之间的交流互动，并为其他同学提供借鉴和启发。

具体而言，教师可以通过以下方式促进实践经验与课堂分享的结合。

1. 组织分享会

教师可以组织实践经验分享会，邀请学生以演讲或小组讨论的形式分享自己在实践活动中的经验和心得。通过分享会，学生可以学习他人的实践经验，拓宽自己的视野，同时也可以展示自己在实践中的成果。

2. 专题讨论

教师可以组织专题讨论，让学生在特定的实践主题下分享各自的经验和观点。通过专题讨论，学生可以深入交流，并从不同角度思考和解决实践问题，提高他们的综合分析能力和创新思维能力。

3.学术报告

教师可以邀请学生以学术报告的形式分享实践经验和研究成果。学生可以通过准备和展示学术报告来提炼和表达实践经验，同时也可以锻炼自己的演讲和表达能力。

通过以上方式，教师可以促进学生之间的交流与分享，让他们从彼此的实践经验中获得启发和借鉴。同时，这样的分享活动还能激发学生的学习兴趣和探索欲望，促使他们更加积极地参与实践活动，并进一步提高实践能力。

**二、大学生社会实践与科研活动的有机衔接方式**

（一）实践项目与科研主题的对接

在学生进行实践活动时，可以选择与自己感兴趣的科研主题相关的实践项目，并通过实践来探索和验证科研课题的相关问题，从而提高科研活动的实际操作能力和科学研究水平。

当学生在实践活动中选择与科研主题相关的项目时，需要考虑以下几个方面。首先，学生应根据自身的兴趣和专业背景选择合适的科研主题。其次，学生应了解科研主题的前沿和热点问题，以便在实践活动中能够深入探讨和解决相关的科研问题。最后，学生还应考虑实践活动的可行性和可操作性，确保能够在实践中得到有效的结果和数据。

在实践活动中，学生可以通过采集数据、开展实验、进行调研等方式来验证和探索科研主题中的问题。例如，如果学生的科研主题是关于环境污染对生态系统影响的研究，那么可以选择在实践项目中进行野外调查和样本采集，以获取与科研主题相关的数据和实验材料。通过实践活动的过程，学生可以亲自参与到科研课题的研究中，提高自己对科研问题的理解和把握能力。

此外，在实践活动中，学生还可以结合科研理论和实践经验，探索和提出新的科研问题，为科研的深入发展提供新的思路和方向。通过实践活动的反馈和总结，学生可以对科研主题进行进一步的修正和完善，使科研活动更加精准和具有实际应用价值。

（二）科研导师与实践指导教师的合作

科研导师和实践指导教师在学生进行科研实践活动时可以进行密切的合作，

共同指导学生的科研实践活动。他们分别从理论和实践两个方面对学生进行指导，有助于提高学生的科研实践水平和能力。

科研导师主要负责提供科研方向和理论支持。科研导师在学术领域具有丰富的知识和经验，可以帮助学生明确科研的目标和问题，并提供相应的理论框架和方法。科研导师还可以指导学生进行相关文献阅读和资料收集，帮助学生对科研主题进行深入的研究和了解。

实践指导教师主要负责提供实际操作指导。实践指导教师通常具有相关实践经验，可以帮助学生制定实践计划、设计实验方案、进行数据采集和分析等。实践指导教师可以根据学生的实际情况和实践项目的需求，提供实践操作的技巧和方法，帮助学生解决实践中遇到的问题和困惑。

科研导师和实践指导教师的合作可以使学生在科研实践中既能够得到理论指导，又能够得到实践指导，从而全面提升学生的科研实践水平。科研导师和实践指导教师之间的密切合作也有助于促进理论与实践的融通，使科研实践更加符合科学规律和实际需求。

（三）实践成果与科研成果的对接

学生在实践活动中获得的数据、材料和经验可以为科研活动提供有价值的参考和支持。实践活动的结果可以成为科研项目的一部分，为科研成果的产出提供实证基础，并加强实践与科研的衔接和互动。

学生在实践活动中所获得的数据和材料可以作为科研成果中的一部分，用于验证科研课题中的假设和结论。例如，学生在实践项目中进行的实验可以提供实证数据，用于验证科研主题中的理论模型和推断。此外，学生在实践活动中获得的相关文献和资料也可以用于科研成果的文献综述和引用。

实践活动还可以为科研成果的产出提供实证基础。学生在实践活动中所积累的经验和知验可以帮助学生加深对科研主题的理解，并提供实际案例和实践经验，从而提高科研成果的可信度和实用性。通过实践活动的结果和总结，学生可以对科研课题进行进一步的修正和完善，提高科研成果的质量和影响力。

此外，实践活动还可以加强实践与科研之间的衔接和互动。学生在实践活动中所获得的成果和经验可以为科研活动提供新的思路和方向，促进科研的创新和发展。而科研成果的应用和推广也可以反过来促进实践活动的改进和优化，形成良性循环。

为了更好地对接实践成果和科研成果，高校的科研机构可以与实践基地进行合作。科研机构可以利用实践基地的资源和平台，开展与实践活动相关的科研项目。实践基地可以提供实践场地、设备和专业人员的支持，为科研活动提供实践的场景和背景。通过科研机构与实践基地的合作，学生可以获得更多的实践机会和资源支持，提高科研实践的实际效果和社会影响力。

（四）科研机构与实践基地的合作

高校的科研机构可以与实践基地进行合作，将科研项目与实践活动有机结合起来。通过科研机构与实践基地的合作，可以为学生提供更多的实践机会和资源支持，提高科研实践的实际效果和社会影响力。

科研机构与实践基地的合作可以在多个方面展开。首先，科研机构可以与实践基地共同制定科研项目的实施计划和流程。科研机构可以提出科研的目标和问题，实践基地可以提供相应的实践场地、设备和人力资源支持。通过合作，科研项目可以在实践基地的支持下进行，并获得更加丰富和真实的数据和材料。

其次，科研机构与实践基地可以共同开展科研项目的实施和管理工作。科研机构可以派遣专职或兼职的科研人员到实践基地进行指导和管理，确保科研项目的顺利进行。实践基地可以提供实际操作的场地和条件，协助科研人员进行实践活动，并提供必要的技术和人员支持。

最后，科研机构与实践基地还可以共同开展科研成果的应用和推广工作。科研成果的应用和推广是科研活动的重要环节，也是实践活动的一个重要目标。通过科研机构与实践基地的合作，科研成果可以更好地与实践活动相结合，为实践活动提供新的思路和方法。实践基地可以将科研成果应用到实际生产和实践中，形成示范效应，并为科研成果的推广提供实际案例和支持。

### 三、大学生社会实践与校园文化建设的有机衔接策略

（一）实践活动与校园文化主题的整合

高校可以通过确定校园文化主题，并将实践活动与之相结合，使实践活动能够为校园文化建设起到积极的推动作用。具体而言，以下是一些实践活动与校园

文化主题整合的示例。

1.环保主题实践活动

高校可以组织环保实践活动，如定期的清洁行动和绿化活动，与校园绿化、垃圾分类等相关文化活动相结合。通过这样的整合，不仅可以提高学生对环保意识的关注和参与度，还可以强化高校的绿色校园文化形象。

2.文化艺术主题实践活动

高校可以组织各类艺术实践活动，如音乐会、舞蹈表演、戏剧演出等，并将其与校园文化节、艺术展览等活动相结合。通过这样的整合，可以提升学生的艺术修养和审美能力，丰富校园文化内涵。

3.社会公益主题实践活动

高校可以组织社会公益实践活动，如义务助教、社区服务等，并将其与校园志愿者活动相结合。通过这样的整合，不仅可以培养学生的社会责任感和奉献精神，还可以推动高校公民教育的发展。

4.科技创新主题实践活动

高校可以组织科技创新实践活动，如科学研究项目、科技竞赛等，并将其与校园创新创业文化活动相结合。通过这样的整合，可以激发学生的创新思维和实践能力，推动高校科技创新文化的建设。

（二）实践成果与校园宣传的结合

学生在实践活动中取得的成果可以作为校园宣传的重要内容，通过校园宣传渠道进行展示和推广。以下是一些实践成果与校园宣传结合的方式。

1.校园媒体宣传

高校可以利用校园媒体，如校报、校园电视台、校园网站等，发布实践活动的相关报道和成果展示。通过这样的宣传方式，可以让更多的师生了解和关注实践活动，提高实践活动的知名度和影响力。

2.展览和展示

高校可以组织实践成果的展览和展示活动，如科技创新展览、社会实践成果展等。通过这样的方式，可以让师生及校外人士了解实践活动的成果和价值，同时也为学生提供展示成果和交流经验的机会。

3. 奖励与表彰

高校可以设立实践活动的奖项和荣誉，对取得突出成绩的学生进行表彰和奖励。这样的举措不仅能够激励学生参与实践活动，还能够在校园宣传中突出实践活动的重要性和价值。

（三）实践活动与校园文化活动的同步举办

高校可以安排实践活动与校园文化活动同步举办，以增加实践活动的吸引力和影响力。以下是一些实践活动与校园文化活动同步举办的方式。

1. 校园文化节主题实践活动

高校可以将实践活动与校园文化节相结合，组织相关的实践活动，如艺术展览、文化交流等。这样的整合可以为师生提供丰富多彩的参与和体验机会，增加校园文化节的内容和亮点。

2. 校友座谈会与实践经验分享

高校可以邀请校友回校，举办座谈会或讲座，与学生分享自己的实践经验和职业发展心得。通过这样的活动，可以让学生从校友身上获得实践经验和职业指导，促进他们更好地规划自己的未来。

3. 学术会议与实践报告

高校可以将实践活动与学术会议相结合，邀请学生以学术报告的形式分享实践经验和研究成果。通过这样的整合，可以促进学术与实践的交流与碰撞，推动校园学术文化的繁荣发展。

（四）实践活动与学生社团的互动合作

高校可以鼓励学生社团积极参与实践活动，并与实践团队进行合作。以下是一些实践活动与学生社团的互动合作的方式。

1. 实践项目支持

学生社团可以提出实践项目的需求和计划，高校可以为其提供支持，包括经费、场地、设备等资源。通过与学生社团的合作，可以促进实践项目的顺利进行，并让更多的学生参与其中。

2. 联合举办活动

高校可以与学生社团一起联合举办实践活动，共同策划和组织活动内容。

学生社团可以负责活动的具体执行和宣传工作，高校则提供必要的支持和指导。通过这样的合作，可以发挥学生社团的创造力和组织力量，提升活动的影响力和效果。

3.培训和指导

高校可以为学生社团成员提供相关的培训和指导，帮助他们提升组织能力和实践技能。高校可以邀请专业人士或校内教师对学生社团进行培训，包括团队管理、活动策划、宣传推广等方面的知识和技巧。

4.资源共享

高校可以与学生社团建立资源共享机制，将高校的资源和平台开放给学生社团使用。比如，高校可以提供场地、设备、图书馆资源等，让学生社团能够更好地开展实践活动和文化创作。

（五）实践活动与高校价值观的契合

高校可以将实践活动纳入高校的价值观培养中，让学生在实践中体验和传承高校的核心价值观。以下是一些实践活动与高校价值观契合的方式。

1.社会责任感培养

高校可以组织社会实践活动，让学生深入社区、乡村等环境，关注社会问题并积极参与解决。通过这样的实践活动，可以培养学生的社会责任感和公民意识，让他们明白作为一名学生应该肩负起的社会责任和义务。

2.人文关怀传承

高校可以组织关怀活动，如老人陪伴、儿童支教等，让学生从实践中体验人文关怀的重要性。通过这样的实践活动，可以培养学生的关爱他人、乐于助人的精神，传承和发扬高校人文关怀的价值观。

3.环保意识培养

高校可以组织环保实践活动，如垃圾分类、节能减排等，让学生从实践中了解环境保护的重要性。通过这样的实践活动，可以培养学生的环保意识和可持续发展观念，促进高校绿色发展的理念和价值观的传承。

4.创新思维培养

高校可以组织创新实践活动，如科技竞赛、创业项目等，让学生从实践中培养创新思维和实践能力。通过这样的实践活动，可以激发学生的创造力和创新精神，推动高校创新文化的传承和发展。

**四、大学生社会实践与社会服务活动的有机衔接模式**

（一）实践项目与社会需求的对接

高校通过调研和分析社会需求，确定与实践项目相匹配的社会服务活动。这需要高校与社会各界进行广泛的沟通和交流，了解社会的现实问题和需求。高校可以与政府部门、社区组织、非营利机构等合作，共同探讨解决方案，确定具体的实践项目。

一方面，高校可以组织社会需求调研，通过问卷调查、深入访谈等方式，了解社会的真实需求和问题。高校还可以设立专门的社会需求研究中心或小组，由相关专家和学者负责研究和分析社会需求，提出相应的解决方案。

另一方面，高校可以组织学生参与社会服务活动，通过实践的方式了解和体验社会需求。学生可以到社区、农村、企业等地开展实践活动，与社会各界进行交流和互动，深入了解社会问题的实际情况，并通过实践来解决社会问题。

（二）社会导师与实践指导教师的合作

高校可以邀请社会导师参与到实践活动中，与实践指导教师共同指导学生进行社会服务活动。社会导师可以是拥有丰富实践经验和专业知识的社会工作者、企业家、行业专家等。

在实践活动中，社会导师可以负责对学生进行实践方面的指导和培训，帮助他们深入了解社会问题，提供解决问题的思路和方法。社会导师还可以通过分享自己的实践经验，鼓励学生勇于尝试，克服困难，培养他们的实践能力和创新意识。

与此同时，实践指导教师也要与社会导师密切合作，共同指导学生的实践活动。实践指导教师可以负责规划实践项目的整体框架和目标，安排实践活动的具体内容和任务，督促学生按时完成任务，并及时给予指导和反馈。实践指导教师还可以与社会导师交流学生的实践表现和问题，协同解决实践中遇到的困难和挑战。

通过社会导师与实践指导教师的合作，可以为学生提供全方位的指导和支持，提高实践活动的质量和效果。

（三）实践成果与社会反馈的结合

学生在社会服务活动中取得的成果可以被社会所认可和回馈，这种反馈可以成为学生继续投身社会服务的动力和信心来源。

高校可以通过组织社会评估和评奖评优等方式，对学生的社会服务成果进行评价和认可。社会评估可以邀请专家、学者、社会工作者等组成评审团队，对学生的社会服务项目进行评估和评价，给予专业意见和建议。评奖评优可以设立相关奖项，表彰在社会服务方面取得突出成绩的学生和项目。

此外，高校还可以利用媒体、展览等渠道将学生的社会服务成果向社会大众展示。可以邀请媒体进行报道，通过报纸、电视、网络等媒介宣传学生的实践项目和成果。可以组织展览或论坛，邀请各界人士和社会组织参观和交流，让更多人了解和关注学生的社会服务活动。

通过社会反馈，学生可以感受到社会的认可和关注，增强对社会服务的使命感和责任感，进一步推动他们积极参与社会服务的热情和动力。

（四）社会资源与实践基地的合作

高校可以与社会资源，如社区组织、企业、非营利机构等建立紧密的合作关系，为学生提供更多的社会服务机会和实践基地。

高校可以与社区建立合作关系，利用社区的资源和网络，开展社区服务活动。社区可以为学生提供实践场地、设备、人力资源等支持，帮助学生更好地开展社会服务活动。同时，学生的社区服务活动也能够满足社区的实际需求，促进社区的发展和改善。

高校还可以与企业或非营利组织合作，开展与实践相关的社会服务项目。企业可以提供实践基地、专业技术支持、资金等方面的支持，帮助学生将理论知识应用到实际项目中。非营利组织可以与高校合作，共同开展社会服务项目，推动社会问题的解决和社会公益的推进。

通过与社会资源的合作，学生可以在真实的社会环境中开展服务活动，并获得实践所需的资源支持，提升社会服务活动的效果和可持续发展能力。

具体而言，高校可以与社会资源开展以下形式的合作。

1.实践基地合作

高校可以与企业、社区组织等建立实践基地合作关系。通过与实践基地合作，学生可以在真实的工作场所进行实践活动，更好地了解和解决实际问题。实践基地可以提供相关设备、资源和专业人才支持，帮助学生将理论知识与实践技能相结合。

2.专业指导

高校可以邀请相关领域的专家和从业者参与到实践活动中，为学生提供专业指导。专业指导可以帮助学生深入了解行业动态和专业知识，提供实用的经验和建议，指导学生顺利完成实践任务。

3.资金支持

高校可以与企业、社会团体等合作，争取资金支持实践项目。资金可以用于购买实践所需的器材设备、提供学生的交通费用、奖励优秀的实践项目等。资金支持可以提高实践项目的质量和规模，帮助学生更好地实现社会服务的目标。

4.社会网络拓展

高校可以与社会资源建立广泛的合作网络，通过与企业、社区组织、非营利机构等建立联系，共同开展社会服务项目。通过社会网络的拓展，学生可以获取更多的机会和资源，扩大社会服务的影响力和可持续发展能力。


# 第二节　构建全方位育人体系的实施效果追踪与有效评价体系


**一、全方位育人体系实施效果的追踪方法和指标体系**

（一）实施效果的追踪方法

1.定期调研

高校可以定期开展调研活动，采用问卷调查、访谈等方式，了解学生对全方位育人体系的认知程度、参与度以及受益程度。定期调研可以帮助评估体系的实施效果，并及时调整和改进相关工作。

2.学生反馈

高校可以引导学生提供对全方位育人体系的反馈意见和建议。通过问卷调查、个别访谈等方式，听取学生对育人体系的体验和满意度，了解他们的需求和期望，进一步追踪体系的实施效果。

3.量化数据分析

高校可以收集和分析与全方位育人体系相关的数据，如学生参与各类活动的频率、获得的证书或荣誉等。通过对数据进行量化分析，可以评估体系的实施效果，并从中发现问题和改进方向。

（二）指标体系

1.学生参与度

衡量学生参与全方位育人活动的程度和频率。可以统计学生参与讲座、实践项目、社会服务等活动的次数和时长，评估学生的参与意愿和主动性。

2.成就与发展

评估学生在全方位育人体系中所取得的成就和个人发展。可以考查学生获得的证书、参与的竞赛成绩、学术研究成果等方面，评估学生在不同领域的发展水平。

3.满意度调查

通过问卷调查或个别访谈，了解学生对全方位育人体系的满意度和对自身能力发展的认知程度。通过了解学生的反馈和建议，可以及时调整和改进相关工作，提高学生的参与度和满意度。

**二、全方位育人体系有效评价的方法和指标体系**

（一）有效评价方法

1.多元化评价

采用多种评价方式，如定期考核、学生作品评比、团队项目评估等，全面评估学生在全方位育人体系中的表现和成果。通过多元化评价可以更准确地反映学生的综合能力和特长，避免单一评价指标的片面性，为学生提供更公正、客观的评价结果。

2.综合评价

综合考虑学生的学业成绩、社会实践、专业能力培养等多个方面的因素，进行综合评价，全面了解学生的综合素质和能力。综合评价能够更全面地反映学生的整体发展情况，促进学生在学习和发展中全面成长。

（二）指标体系

1.学业成绩

评估学生在学业上的表现和成绩，包括学科成绩、学术研究成果等。学业成绩是衡量学生学习成果的重要指标，可以反映学生对学科知识和技能的掌握程度。

2.社会实践能力

评估学生在社会实践中所展现的领导力、团队合作能力、创新能力等。社会实践能力的评价可以通过学生参与社会实践项目的表现、社会服务经验以及解决实际问题的能力等方面来进行。

3.专业能力培养

评估学生在专业知识和技能方面的掌握程度，包括实习成果、专业技能证书等。专业能力培养是学生职业发展的重要支撑，评价指标可以包括学生在实习中的表现、专业知识的应用能力、解决实际问题的能力等。

**三、高校在全方位育人体系建设中的评价与奖励机制**

（一）建立评价机制

1.设立评价委员会

高校可以组建由相关教职员工和学生代表组成的评价委员会。该委员会负责制定全方位育人体系的评价标准和指标体系，并负责对学生进行评价。评价委员会应具备专业的知识和经验，能够客观、全面地评估学生在全方位育人活动中的表现和成长。

2.完善评价流程

高校应明确评价的流程和时间节点，确保评价工作的顺利进行。评价流程应包括评价标准的制定、数据收集、评价结果的分析和反馈等环节。同时，评价流程应透明公正，确保评价结果的客观性和可信度。

（二）奖励机制

1.设立奖学金

高校可以根据学生在全方位育人体系中的表现和成绩，设立相应的奖学金。

奖学金可以包括综合成绩奖、特殊贡献奖、优秀项目奖等多个层次和类型，激励学生积极参与和表现出色。

2.表彰先进个人和团队

高校可以定期评选先进个人和团队，并给予荣誉称号和奖励。通过表彰先进个人和团队，可以有效激发学生的积极性和创造力，鼓励他们在全方位育人体系建设中做出突出贡献。

（三）持续改进机制

建立反馈机制，定期听取学生和教职员工的意见和建议，并根据反馈结果进行调整和改进。高校可以组织座谈会、开展问卷调查等形式，收集各方面的反馈意见，包括学生对全方位育人体系的满意度、改进建议等。通过持续改进机制，可以及时纠正问题、优化措施，提高全方位育人体系的质量和效果。

（四）与行业对接

与相关行业建立合作关系，了解行业发展需求，调整和优化全方位育人体系中的教学内容和培养目标。高校可以与企业、行业协会等建立合作项目，提供实践机会和培训资源，帮助学生更好地适应职业发展需求，提高就业竞争力。与行业对接有助于确保全方位育人体系的紧密结合，使学生能够真实地了解和应对行业挑战，提高他们的职业素养和就业竞争力。

**四、国际视野下的全方位育人体系实施效果追踪与评价**

（一）借鉴国际经验

国际上有许多先进的全方位育人体系，可以借鉴其追踪和评价方法，适应本土情况进行改进和应用。我们可以参考以下国际经验。

1.美国的综合评价

美国在高等教育领域积累了丰富的经验，他们注重学生的全面发展，通过综合评价来评估学生的学术成绩、社会实践、创新能力等方面，为学生提供个性化的发展支持和指导。

2.芬兰的综合指标

芬兰注重学生的素质教育，将学业成绩与社会责任感、创造力和团队合作能力等综合指标结合起来评估学生的发展情况。他们通过教师评价、个人学习计划和高校评估等方式，全面了解学生的发展情况。

3.新加坡的综合能力框架

新加坡注重学生的综合能力培养，他们制定了综合能力框架，包括认知、社交、情感等方面的能力评价指标，通过多种评估方式对学生进行全方位的评价。

通过借鉴这些国际经验，我们可以吸取其评价方法的优点，结合本土实际进行改进和应用，确保评价体系科学、全面、有效地反映学生的发展情况。

（二）开展国际交流与合作

与国际知名高校开展交流与合作，共同探讨全方位育人体系的实施效果追踪与评价方法，互相借鉴经验。我们可以开展以下方面的国际交流与合作。

1.学术交流

与国际知名高校建立学术交流机制，开展师生互访、联合研究等活动，共同探讨全方位育人体系中的评价方法和指标体系，借鉴国际先进经验。

2.举办国际研讨会

组织国际研讨会，邀请国际教育专家和学者分享他们在全方位育人体系评价方面的研究成果和经验，促进国际间的学术交流和合作。

3.参与国际项目

积极参与国际项目和合作项目，利用国际资源进行合作研究和评估工作，借鉴国际先进的评价方法和实践经验。

通过与国际高校的交流与合作，我们可以了解和学习到他们在全方位育人体系评价方面的先进做法，为我国的评价体系提供有益的借鉴和启示。

（三）国际认证与对比

通过参与国际评估和认证组织，实现对全方位育人体系的国际认可，与其他国家和地区进行对比，发现问题并进行改进。具体做法如下。

1.参与国际评估组织

加入国际教育评估组织，参与国际评估项目，接受国际权威机构的评估和认证，以确保评价体系的科学性和准确性。

2.进行国际对比研究

与其他国家和地区进行对比研究，了解他们在全方位育人体系评价方面的做法和成果，发现差距和问题，并进行改进和提升。

3.跨国合作研究

与国际高校进行跨国合作研究，共同开展全方位育人体系评价方法的探索和实践，相互借鉴经验，共同提高评价体系的质量和水平。

通过国际认证和对比研究，我们可以了解到全方位育人体系在国际上的地位和水平，发现自身存在的问题，并及时进行改进和提升，以提高我国全方位育人体系的竞争力和国际影响力。

# 第三节　大实践育人体系对大学生职业与价值观方面的积极影响

## 一、大实践育人体系对大学生职业素养的培养作用

（一）培养实际操作能力

大实践育人体系为大学生提供了丰富的实践机会，让他们在实际场景中应用所学知识和技能。这些实践活动可以是实践项目、实习和实训等形式。学生通过参与这些活动，能够亲自动手解决实际问题，从而锻炼和提升自己的实际操作能力。例如，一个计算机科学专业的学生可以参与开发一个软件项目，这将使他能够实际运用编程知识和技能来开发一个具有实际价值的软件产品。通过这样的实践活动，学生能够更好地理解和掌握所学的理论知识，并将其运用到实际操作中，提高自身的职业素养。

（二）培养团队合作精神

在大实践育人体系中，学生通常需要与其他同学、教师以及社会上的相关人员进行合作。这种团队合作能够培养学生的团队合作精神。在团队合作中，学生需要学会倾听他人的意见和建议，合理分工，有效沟通，并共同解决问题。通过这样的合作，学生能够培养出良好的团队合作意识和能力，如协作、沟通、领导和合作解决问题的能力。这对于他们未来的职业发展非常重要，因为在职场中，团队合作是取得成功的关键之一。

（三）提升问题解决能力

大实践育人体系注重培养学生的问题解决能力。通过实践活动，学生将面临各种实际问题，并需要运用所学知识和技能去解决。这些问题可能是来自实践项目的挑战，也可能是在实习过程中遇到的困难。学生需要进行分析思考、创新思维和解决问题的能力来解决这些问题。通过不断地解决问题，学生可以提高自己的问题解决能力，并培养出批判性思维、创新能力和解决复杂问题的能力，这对于他们未来的职业发展至关重要。

（四）增强职业意识和职业规划能力

大实践育人体系促使学生更深入地了解自己所学专业的实际应用，并与相关行业建立联系。通过实践活动，学生可以亲身感受到不同行业的工作环境和职业要求。这有助于学生形成明确的职业意识，了解就业市场的需求，并培养良好的职业规划意识和能力。学生可以通过参观企业、与行业专家交流和实习等方式来深入了解自己所学专业的职业发展方向和需求，并为自己的未来做出明智的职业规划。这将有助于提高学生的职业素养和就业竞争力，使他们在职场中更加成功。

**二、大实践育人体系对大学生就业竞争力的提升影响**

（一）丰富的实践经验

大实践育人体系提供了丰富多样的实践机会，让学生在实际项目中锻炼能力、积累经验。这些实践活动可以包括实习、实训、社会实践、创业实践等多种形式。

学生通过实践活动，能够深入了解专业领域的实际操作和应用技能，将理论知识转化为实际操作能力。这对于提升学生的就业竞争力至关重要。拥有丰富的实践经验可以使学生在求职过程中更具竞争力，展示出实际操作能力和解决问题的能力，从而增加获得优质工作机会的机会。

同时，实践活动也培养了学生的实际问题解决能力和创新能力。在实践过程中，学生需要面对各种实际情况和挑战，通过思考和实际操作，积累经验，提升解决问题的能力。这对于学生未来的职业发展具有重要意义，使他们能够在工作中更好地应对各种挑战和问题。

（二）实际操作能力的提升

通过参与实践活动，学生能够将理论知识转化为实际操作能力。实践活动可以是在实验室中进行的实验操作，也可以是在实际项目中的实际工作操作。

实践活动可以帮助学生更好地理解和掌握专业知识，并将其应用于实际操作中。通过实际操作，学生可以熟悉相关工具、设备和流程，培养出熟练的操作技巧。这不仅帮助学生更好地适应工作环境，提高工作效率，同时也让雇主更倾向于招聘具备实际操作能力的毕业生。

实践活动还能够培养学生的问题解决能力和创新能力。在实际操作过程中，学生常常面临各种实际问题和困难，通过思考和实际操作，他们需要寻找解决问题的方法和路径。这种实际操作中的问题解决能力的培养，能够提高学生在实际工作中的应变能力和解决问题的能力，增加其就业竞争力。

（三）团队合作与沟通能力

大实践育人体系培养了学生的团队合作和沟通能力。实践活动通常需要学生与他人合作完成任务，这要求学生具备良好的团队合作和沟通能力。

在团队合作过程中，学生需要与他人协同工作，共同解决问题。这要求他们具备团队协作的意识和能力，包括分工合作、相互支持、有效沟通等。团队合作的经历可以帮助学生更好地理解和应用团队工作中的原则和技巧，提高与他人合作的能力。

同时，实践活动也培养了学生的沟通能力。在实践过程中，学生需要与不同背景和专业的人交流和合作，包括与导师、同学、企业合作伙伴等进行沟通。通过这样的沟通经验，学生能够提高表达能力、倾听能力和解决问题的能力，从而增强了毕业生的就业竞争力。

（四）职业规划与自我定位

大实践育人体系鼓励学生进行职业规划，帮助他们明确自己的职业目标和发展方向。这对于提升学生的就业竞争力至关重要。

通过职业规划，学生可以了解并明确自己的兴趣、特长和发展方向，制定个性化的职业发展计划。同时，职业规划还能够帮助学生认识到自己目前的能力和不足之处，有针对性地进行能力提升和补充。

具备明确的职业规划和自我定位的学生在求职过程中更具竞争力，能够向雇主展示自己的职业发展潜力和目标。这不仅能够提高毕业生的就业成功率，还能够为他们的职业发展打下良好的基础，使他们在职场中更好地发展和成长。

**三、大实践育人体系对大学生价值观培养的积极影响**

（一）培养社会责任感

大实践育人体系通过组织学生参与社会实践活动，让他们亲身体验社会问题，了解社会需求。这些社会实践活动可以包括志愿者服务、社区调研、公益项目等形式。通过参与这些活动，学生能够直接接触到社会中的各种问题和困境，深刻感受到弱势群体的需要和社会发展的现状。这有助于激发学生对社会的关注和责任感，使他们认识到作为大学生的责任和角色。学生将意识到自己可以通过自己的专业知识和技能为社会做出贡献，并积极参与社会实践活动，回馈社会。

（二）塑造正确的价值观念

大实践育人体系注重培养学生的职业道德和社会伦理，引导他们树立正确的价值观念。在实践活动中，学生将面对各种现实情况和挑战，需要进行价值观的思考和反思。通过对自己的价值观的反思，学生能够理清自己的核心价值观和人生信念，并逐渐形成积极向上的人生观和价值取向。在实践活动中，学生将接触到各种职业领域和社会群体，可以通过与他们的互动和接触，了解不同的价值观体系，拓宽自己的视野，增加对多元化价值观的包容性和理解力。通过这样的经历，学生可以培养出积极向上、正直诚信、关心他人和公共利益的正确价值观念。

（三）培养团队合作精神

大实践育人体系强调团队合作和协作精神，让学生在实践项目中与他人合作解决问题。在团队合作中，学生需要学会倾听他人的意见和建议，尊重每个成员的贡献，合理分工，有效沟通，并共同解决问题。通过与他人的合作，学生能够体验到团队合作的重要性，并培养相互尊重、合作共赢的价值观。在实践项目中，学生将面对各种挑战和困难，需要通过团队合作来解决问题。这要求学生具备良好的沟通协调能力、团队协作能力和解决问题的能力。通过这样的实践活动，学生可以培养出积极进取、团队意识强、乐于合作的价值观，为他们未来的职业发展打下坚实的基础。

# 第四节　大实践育人体系未来的发展趋势与
## 持续创新路径展望

### 一、大实践育人体系的未来发展趋势分析与预测

（一）多元化和个性化发展

未来大实践育人体系将更加注重学生的多元化和个性化发展。通过提供丰富多样的实践机会，学生可以选择符合自己兴趣和特长的实践项目，培养自己的创新能力和实践能力。教育机构和社会组织将积极探索不同领域、不同形式的实践活动，满足学生多样化需求，并提供相应的支持和指导。

（二）跨学科融合与协同发展

未来大实践育人体系将强调跨学科的融合与协同发展。随着知识的不断拓展和科技的快速发展，实践活动将更多地突破学科边界，促进不同学科之间的交叉合作与创新。学生在实践中将面对更加复杂和综合的问题，需要运用跨学科的知识和方法进行解决。教育机构将加强跨学科的教师团队建设，推动学科之间的交流与合作。

（三）深度融入社会与产业需求

未来大实践育人体系将更加深度融入社会与产业需求。实践活动将更加紧密地与社会和产业对接，通过与企业、社区等合作伙伴的合作，提供更贴近实际的实践项目和任务。学生将有机会在真实的社会环境中进行实践，并解决实际问题，培养实践能力和创新思维。教育机构将积极发掘社会资源，建立广泛的合作网络，推动学生实践活动与社会需求的有效对接。

（四）技术与创新驱动的发展

未来大实践育人体系将受到技术与创新的驱动。随着数字化、智能化和信息化的不断进步，教育机构将积极运用信息技术和创新科技手段，提升实践活动的效果和体验。例如，利用虚拟现实、人工智能等技术手段，创造更真实、交互性强的实践环境；通过在线平台和社交媒体，促进学生之间的交流与合作。同时，

鼓励学生在实践过程中运用技术手段，开展创新研究和实践项目。

**二、大实践育人体系中的持续创新路径探究**

（一）改革教育观念与理念

在大实践育人体系中，需要不断改革教育观念与理念，转变传统的知识传授模式。传统的教育模式注重对知识的灌输，而大实践育人体系鼓励教育者从知识的灌输者转变为引导者和合作伙伴。教育者应该关注学生的兴趣发展和能力培养，以学生为中心，积极引导学生参与实践活动，并主动构建知识结构。教育者应关注学生的个体差异和发展需求，提供个性化的学习支持和指导，激发学生的学习兴趣和创新思维。这样的教育观念与理念转变，能够让学生更加主动地学习和参与实践，培养他们的综合素质和创新能力。

（二）构建全方位的支持体系

大实践育人体系需要建立全方位的支持体系，为学生提供全面的实践支持和保障。首先，需要培养和选拔优秀的指导教师，他们应该具备丰富的实践经验和专业知识，能够为学生提供有针对性的指导和辅导。其次，需要组建专业辅导团队，包括心理咨询师、职业规划师等，为学生提供心理支持和职业发展的指导。同时，教育机构应提供充足的实践资源和设施，例如实验室、实习基地、科研平台等，以满足学生进行实践活动的需求。教育机构还可以与企业、社会组织等建立合作关系，提供实践项目和实践机会，帮助学生将所学知识应用到实践中。通过建立全方位的支持体系，可以让学生在实践过程中得到充分的支持和关注，提高他们的实践能力和发展水平。

（三）打破学科边界与融合创新

大实践育人体系需要打破学科边界，鼓励学生进行跨学科的学习和实践。传统的教育模式通常将不同学科的知识划分为独立的领域，而大实践育人体系强调学科之间的交流与融合。学生可以参与跨学科的实践项目，在实践过程中接触到不同学科的知识和技能，促进学科之间的交叉应用和融合创新。教育机构可以组建跨学科的导师团队，由不同学科的专家共同指导学生的实践活动，培养学生的综合能力和创新思维。跨学科的学习和实践能够让学生更好地理解和应用所学知识，提高解决问题的能力和智力水平。通过打破学科边界和融合创新，可以培养出具备全面素质和创新能力的人才。

### 三、大实践育人体系在数字化时代的应用与发展展望

（一）结合在线教育与实践活动

在数字化时代，大实践育人体系可以通过在线教育平台与实践活动相结合，提供在线导学、实践指导和资源共享等服务。学生可以通过在线平台参与实践项目的规划与管理，进行实践过程的记录和反思，进行线上线下的互动与交流。

（二）利用数字技术手段提升实践效果

数字技术手段可以为实践活动带来更多可能性。例如，利用虚拟现实技术，学生可以在虚拟环境中进行真实感强的实践体验；通过数据分析和人工智能技术，可以对实践活动进行评估与改进。教育机构需要积极探索并应用这些数字技术手段，提升实践活动的效果和体验。

（三）推动创新性实践项目的发展

数字化时代提供了更多的机会和平台，促进学生开展创新性实践项目。教育机构可以通过建立创新实验室或创客空间，提供先进的工具和设备，鼓励学生尝试创新性的实践活动。同时，与企业和科研机构合作，打造创新实践项目的孵化器，为学生实践项目的转化和推广提供支持。

（四）培养数字素养与创新思维

在数字化时代，大实践育人体系需要重视培养学生的数字素养和创新思维。学生需要具备信息搜索、数据分析、数字化创作等数字技能，以应对日益增长的数字化需求。同时，培养学生的创新思维能力，鼓励他们在实践中运用数字技术解决问题，促进创新和创业能力的培养。

### 四、全球化背景下大实践育人体系的国际合作与交流前景分析

（一）加强国际交流与学术合作

大实践育人体系在全球化背景下可以积极推动国际交流与学术合作。第一，高校可以与国外教育机构建立合作关系，开展学生交换项目和联合研究项目。通过与国外教育机构的合作，学生可以获得更广阔的实践机会和资源，了解不同文化和社会背景下的实践经验。第二，高校可以促进国际教育标准和认证的对接，与国外教育机构合作开展学分互认等活动，提高大实践育人体系的国际认可度和

竞争力。

（二）共享实践资源与项目合作

国际合作可以促进实践资源的共享与项目合作。高校可以与国外合作伙伴开展实践项目，共同为学生提供更多的实践机会和学习资源。高校可以通过与国外合作伙伴的联合实施实践项目，将双方的优势资源进行整合，提供更加丰富和全面的实践经验。同时，通过共享实践资源和项目成果，高校可以加强国际间的交流与合作，提升大实践育人体系的国际影响力和合作交流。

（三）培养国际化素质与能力

在全球化背景下，大实践育人体系需要培养学生的国际化素质和能力。学生应具备跨文化沟通、团队合作、问题解决等国际化能力，能够适应和应对跨国界的实践需求。高校可以通过开设国际化课程、组织国际交流活动等方式，培养学生的国际视野和全球意识。

首先，高校可以开设跨文化交流课程，帮助学生了解不同国家和地区的文化差异，培养他们的跨文化沟通能力和敏感性。其次，高校可以组织学生参加国际实践项目或交换计划，让他们亲身经历和体验不同文化背景下的实践活动，提高他们的跨文化适应能力和理解能力。最后，高校还可以鼓励学生参加国际性竞赛和学术活动，培养他们的国际交流和竞争能力。

通过加强国际交流与学术合作、共享实践资源与项目合作以及培养国际化素质与能力，大实践育人体系可以为学生提供更多的国际化机会和资源，培养他们的国际竞争力和全球视野。这将有助于学生在求职就业和个人发展中更好地适应全球化的挑战和机遇。

# 参考文献

[1] 彭立平.“三全育人”视域下高校实践育人工作路径探究 [J]. 学校党建与思想教育,2022(22):78–80.DOI:10.19865/j.cnki.xxdj.2022.22.024.

[2] 王昊,桂玲智.基于“三全育人”视角的高校实践育人体系构建研究 [J]. 湖南教育 (D 版),2023(01):58–59.

[3] 刘佳男.课程思政背景下高校实践育人的探索 [J]. 农业技术经济,2022(09):145.DOI:10.13246/j.cnki.jae.2022.09.010.

[4] 丁灵芝.新时代应用型高校文化育人体系的构建与实践 [J]. 西南科技大学学报 ( 哲学社会科学版),2022,39(05):98–104.

[5] 王秀杰,赵杰.高校思政课实践教学与第二课堂协同育人探源寻路 [J]. 中学政治教学参考,2022(39):27–30.

[6] 贾浩然,刘永超.加强高校共青团实践育人成效路径探析 [J]. 中国共青团,2023(14):79–80.

[7] 冀明,李文英,郑智聪.通过社会实践强化实践育人的实施路径探析 [J]. 大学,2023(19):78–81.

[8] 张国超,李昌郁,王杜娟.面向乡村振兴的高校实践育人模式研究 [J]. 中国果树,2023(09):166–167.

[9] 凌智慧.实践育人视域下我国高校志愿服务的发展现状、问题及对策研究 [J]. 科学咨询 ( 科技·管理),2023(07):170–173.

[10] 张甜甜.乡村振兴战略下高校实践育人的路径探究与思考 [J]. 农业开发与装备,2023(08):9–11.

[11] 于小航.新时代高校思想政治教育实践育人有效机制探析 [J]. 现代交际,2023(09):117–121+124.

[12] 陈云萍.课程思政引领下高校新闻专业实践育人模式改革与探索 [J].新闻研究导刊,2023,14(16):70-72.

[13] 刁希春.高校思想政治教育视野下的实践育人长效机制探究 [J].快乐阅读,2022(11):91-93.

[14] 王维佳."三全育人"理念融入高校思想政治理论课的实践机制 [J].当代教研论丛,2023,9(02):116-120.

[15] 肖龙兴.基于民办高校全媒体平台的实践育人路径探索 [J].成才,2023(05):23-24.

[16] 柴美越,姜晨阳."三全育人"背景下提升高校学生会凝聚力的着力点 [J].学园,2023,16(12):7-9.

[17] 田丽苗,李俊吉,苗娜妮等."三全育人"理念下大学生创新创业实践育人体系探索 [J].教育信息化论坛,2023(04):93-95.

[18] 孙佳钰."实践育人"视角下高校研究生社会实践发展路径探究 [J].才智,2023(22):125-128.

[19] 段慧英.实践育人视角下高校创新创业教育体系的构建 [J].山西青年,2023(12):154-156.

[20] 高巍,廖己勇,邵永凯.新时代高校实践育人工作创新路径研究 [J].快乐阅读,2023(07):112-114.

[21] 王璐.以实践育人为抓手推进高校思政教育实效化的路径 [J].新课程教学(电子版),2023(10):177-178.

[22] 刘思佳.新时代加强高校思想政治教育实践育人对策研究 [D].兰州理工大学,2023.DOI:10.27206/d.cnki.ggsgu.2023.000222.

[23] 李颖.新时代高校志愿服务实践育人工作机制研究 [J].现代商贸工业,2022,43(23):102-103.DOI:10.19311/j.cnki.1672-3198.2022.23.043.

[24] 王晓鸥,葛丽玲.高校社会实践育人模式的创新探索——以北京服装学院为例 [J].北京教育(德育),2022(10):72-75.

[25] 冯琴.新时代高校创新创业实践育人体系建设与运行机制研究 [J].创新创业理论研究与实践,2022,5(19):112-114.